D1665571

Vogelspinnen im Terrarium

Peter Klaas

Vogelspinnen im Terrarium

Lebensweise, Haltung und Zucht

123 Farbfotos
4 Zeichnungen

VERLAG
EUGEN
ULMER

CIP-Titelaufnahme der Deutschen Bibliothek

Klaas, Peter:
Vogelspinnen im Terrarium : Lebensweise,
Haltung und Zucht / Peter Klaas. – Stuttgart:
Ulmer, 1989
  ISBN 3-8001-7933-4

© 1989 Eugen Ulmer & Co.
Wollgrasweg 41, 7000 Stuttgart 70 (Hohenheim)
Printed in Germany
Einbandgestaltung: Alfred Krugmann mit einem
Foto von Peter Klaas
Lektorat: Ulrich Commerell
Herstellung: Otmar Schwerdt
Satz: Laupp & Göbel, Tübingen/Nehren
Druck und Bindung: Friedrich Pustet, Regensburg

Widmung und Dank

Dieses Buch ist meinen Eltern und Geschwistern gewidmet, deren Geduld und Verständnis es mir erlaubt haben, mein Hobby Vogelspinnen in die jetzige Form auszuweiten: Geduld, weil stundenlange Telefongespräche mit Gleichgesinnten die häusliche Ruhe gefährdeten, und Toleranz den entwichenen Futtertieren gegenüber, wenn sie Spaziergänge in der Wohnung unternahmen.

Auch darf ich es nicht versäumen, denjenigen, die mir bei der Entstehung dieses Buches auf unterschiedliche Art halfen, zu danken: Die Bereitstellung einiger Vogelspinnen-Exemplare durch Kurt Nicolaisen (Dänemark), sowie Dieter Scholz und Frauke Selter (Bonn), deren Gastfreundschaft mir in bleibender Erinnerung ist und die mir zu guten Fotografien verhalfen.

Die Zeichnungen des Designers Klaus Richter (Düsseldorf) sind in allen Einzelheiten bestens gelungen. Für die kritische Durchsicht des Manuskriptes danke ich Herrn Dr. H. Schröder (Senkenberg-Museum Frankfurt a. M.) und Rainer Stawikowski vom Eugen Ulmer Verlag. Die langjährige Verbundenheit mit Mathias Forst, dem Leiter des Insektariums des Zoologischen Gartens Köln, erbrachte viele interessante Gespräche und war nicht zuletzt der Anstoß zur Niederschrift dieses Manuskriptes. Daß Prof. Dr. Günther Nogge, Direktor des Zoologischen Gartens Köln, ein Vorwort zu diesem Buch schrieb, war für mich eine besondere Ehre.

Köln, im Mai 1989
Peter Klaas

Vorwort

Kaum eine Tiergruppe stößt bei den Menschen auf so viele Ressentiments wie die der Spinnen. Andererseits steigt die Zahl der Spinnenliebhaber und der Halter von Vogelspinnen von Jahr zu Jahr an. Mitte der 70er Jahre brachte Horst Stern die Spinnen mit zwei aufsehenerregenden Fernsehfilmen und einem mit Ernst Kullmann veröffentlichten Buch unter dem Titel »Leben am seidenen Faden« einem nach Millionen zählenden Publikum nahe. »Noch heute«, so zitierte Stern einen Wissenschaftler aus den 50er Jahren, »begegnen wir in der Tagespresse regelmäßig Berichten über Vogelspinnen-Ungeheuer, die in finsteren Kellergängen hausen, sich an Fäden lautlos von Gewölbedecken herablassen, nichtsahnenden Menschen heimtückisch von hinten ins Genick springen, ihnen den Lebensnerv durchbeißen und das Blut aussaugen und die auf diese Weise schon Dutzende von Opfern umgebracht haben.«

Das vorliegende Buch eines Amateurs und nichtsdestoweniger Fachmanns ist ein weiterer Beitrag, die einstmals und zum Teil noch heute verbreiteten Vorurteile gegen Spinnen auszuräumen. Peter Klaas, ein anerkannter Experte auf diesem Gebiet der Terraristik, stellt in Text und Bild die Vogelspinnen, ihre systematische Stellung, ihre Anatomie und ihre Lebensweise dar. Er gibt Anleitungen zum richtigen Bau und zur Einrichtung von Terrarien, zur Fütterung und Zucht von Vogelspinnen und

geht auch auf gesetzliche Bestimmungen und Sicherheitsvorkehrungen bei der Haltung der Tiere ein. Über 30 Arten werden einzeln vorgestellt, wobei Hinweise zur Haltung und Zucht sowie auf spezifische Besonderheiten gegeben werden.

Es gibt noch einen anderen Grund, weshalb Vogelspinnen möglicherweise in Zukunft bei Tierfreunden an Beliebtheit zunehmen werden. Nach der seit dem 1. 1. 1987 in Kraft getretenen Bundesartenschutzverordnung unterliegt nicht nur der Handel mit den durch das Washingtoner Artenschutzabkommen erfaßten Arten einer strengen Kontrolle. Vielmehr sind heute darüber hinaus sämtliche europäischen Amphibien, Reptilien, Vögel, alle heimischen Säugetiere und weiter ganze Tiergruppen erfaßt, auch wenn es sich um Arten handelt, die schon seit Generationen in menschlicher Obhut gezüchtet werden. Das grundsätzliche Vermarktungsverbot gezüchteter Tiere der besonders geschützten Arten zielt darauf ab, die Haltung von Wildtieren auf Dauer zu unterbinden, weil hierin ein – offenbar auch ausreichender – Schutz der Natur gesehen wird.

Viele Tierliebhaber, Tierhalter und -züchter sind bürokratischen Auflagen von Anzeige-, Kennzeichnungs- und Aufzeichnungspflichten, der z. T. erheblichen Gebühren und der teilweise zutage getretenen Behördenwillkür, der sie durch das neue Artenschutzrecht ausgeliefert sind, überdrüssig und geben ihr Hobby auf. Andere, mit tief verwurzelter Liebe zum Tier, wenden sich solchen Tierarten zu, die — noch — nicht von der Bundesartenschutzverordnung erfaßt sind.

Für alle, die Vogelspinnen im Terrarium halten oder halten wollen, ist das vorliegende Buch ein Ratgeber für deren Zucht und Pflege.

Prof. Dr. Günther Nogge

Inhalt

Häufig gepflegte Vogelspinnenarten

Hinweis:

Nach einer Revision werden seit einiger Zeit verschiedene Gattungen und Gruppen umbenannt. Abschließend seien hier die Synonyme (nach Raven) genannt, deren Gattungen und Arten in diesem Buch auftreten. Um den Leser nicht zu verwirren, wurden aber die üblichen und bisher gültigen Bezeichnungen verwendet. Es bedarf wohl noch einiger Zeit, bis die Fragen der Stellungen der einzelnen Gattungen endgültig geklärt sind.

Nach Raven wurden außerdem die Grammostolinae als Gruppe der Theraphosinae untergeordnet und die Gruppe der Theraphoseae in die Untergruppen Theraphosini und Lasiodorini unterteilt. Die Gruppe der Harpactirae wird jetzt als eigene Unterfamilie aufgezählt.

Dies waren und werden aber nicht die letzten Änderungen innerhalb der Theraphosidae gewesen sein. Lassen wir uns durch dieses Wirrwarr nicht unser Hobby der Vogelspinnenzucht verleiden.

Avicularia	= Adranochelia
Aphonopelma	= Rhechosticta
Brachypelma	= Euathlus
Dugesiella	= Rhechosticta
Melopoeus	= Haplopelma
Metriopelma	= Crypsidromus
Manocentrapella	= Citharischius
Pterinopelma?	= Rhechosticta
Scodra	= Stromatopelma
Sericopelma	= Mygalarachne

Lebensweise und Vorkommen der Vogelspinnen

Aus der Entwicklungsgeschichte

Die ersten Vogelspinnen lebten vor etwa 250–300 Millionen Jahren, also im Karbon. Fossile Funde aus dieser Zeit ergaben, daß viele Fühlerlose (Chelicerata) den heute lebenden Formen sehr ähnlich waren. Im Karbon existierten bereits Schwertschwanzarten (Ordnung Xiphosura) von 60 cm Länge.

Heute sind diese höchst interessanten Pfeilschwanzkrebse nur noch in wenigen Arten auf die Küsten von Nordamerika und Südasien beschränkt.

Fossile Funde von Geißelskorpionen und anderen spinnenähnlichen Lebewesen, die vor 350 Millionen Jahren lebten, lassen – wenn auch sehr lückenhaft – auf die Entwicklung der heutigen Cheliceratenfauna schließen.

Im Tertiär, also vor etwa 30 Millionen Jahren, gehörten die Vogelspinnen auch zur Fauna Europas. Heute leben nur noch sehr wenig echte Vogelspinnen der Unterfamilie Ichnocolinae in Europa, davon drei Arten in Südspanien. Interessant ist, daß sich die Form der Vogelspinnen seit ihrer Entwicklung über einen Zeitraum erhalten hat, in der in anderen Tierstämmen ganze Ordnungen ausstarben.

Das Vermögen der Vogelspinnen, sich in einer ständig verändernden Umgebung zu behaupten, ist einer der Gründe dafür, daß diese urtümliche Form der Spinnenfauna noch heute besteht.

Verwandtschaftskreise

Zur Verwandtschaft der Vogelspinnen, die zur Ordnung der Araneae (Webspinnen) gehören, zählen nicht weniger als rund 34000 Spinnenarten.

Für die Terraristik sind außer den Vogelspinnen auch noch einige andere Spinnenarten interessant. Als Beispiele seien hier die Riesenradnetzspinnen der Gattung *Nephila* genannt, deren Netze von 1,5 m Durchmesser in keiner zoologischen Ausstellung fehlen.

Ebenso wird ein Spinnenliebhaber es versäumen, sich die großen Taranteln der Familie Lycosidae aus dem Mittelmeerurlaub mitzubringen, um deren hochinteressanten Brutpflege im Terrarium genau zu beobachten.

Und wer kennt sie nicht, die Schwarze Witwe, *Latrodectus mactans*, jene Kugelspinne aus der Familie Theridiidae, deren Gift auch für einen Menschen tödlich sein kann?

Auch in der weiteren Verwandtschaft der Vogelspinnen – in verschiedenen anderen Ordnungen – finden sich für Terrarien geeignete und interssante Pflegeobjekte: zum Beispiel die Skorpione, die mit 600 Arten alle wärmeren Länder der Erde bewohnen. Viele von ihnen sind als Terrarientiere geschätzt und werden mittlerweile regelmäßig importiert. Seltener allerdings pflegen Liebhaber Geißelskorpione, Geißelspinnen und Walzenspinnen.

Abbildung 1 (oben). Lycosa tarentula, die italienische Tarantel, ist eine harmlose Wolfsspinne.
Abbildung 2 (unten links). Eine wunderschön gefärbte Wolfsspinne (Lycosidae) aus Panama.

Abbildung 3 (unten rechts). Ordnung: Opilliones. In den tropischen Gebieten der Erde finden sich skurill gebaute Verwandte der Weberknechte.

Abbildung 4 (oben links). Latrodectus mactans tredecimguttata: Die Schwarze Witwe.
Abbildung 5 (unten links). Unterordnung: Mesothelae. Die sehr seltenen Gliederspinnen der Gattung Lipistus befinden sich entwicklungsgeschichtlich im Rückgang.

Abbildung 6 (oben rechts). Ordnung: Amblypygi. In den Tropen leben die Geißelspinnen.
Manche Tiere erreichen Beinlängen bis zu 20 cm. Das Bild zeigt Admetus pumilio mit Nymphen.
Abbildung 7 (Mitte rechts). A. pumilio häutet sich.
Abbildung 8 (unten rechts). Scolopendra cingulata, ein Hundertfüßer.

Stamm	Unterstamm	Klasse	Ordnung	Unterordnung

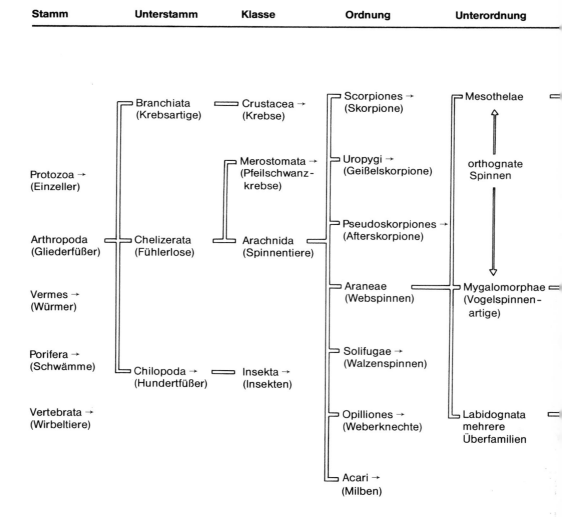

**Stammbaum zur systematischen
Einordnung der Vogelspinnen
(Theraphosidae)**

Familie	Unterfamilie	Gruppen	Gattung

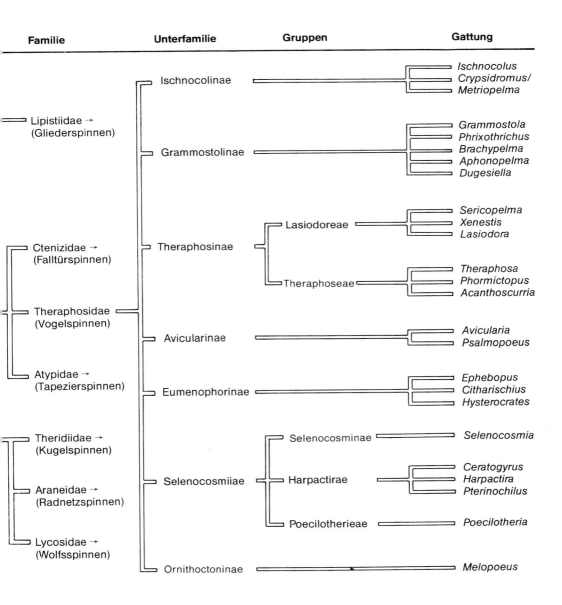

Abbildung 9. Heteropoda venatoria: Eine
Riesenkrabbenspinne aus Sri-Lanka.

Der Stammbaum

Mit ein wenig Übung ist es gar nicht so
schwierig, seine Tiere systematisch einzu-
ordnen. Am Beispiel einer der beliebtesten
Vogelspinnen, der Mexikanischen Rotbeinvogelspinne, *Brachypelma smithi*,
wollen wir uns einmal als »Systematiker«
versuchen. Die für unsere Belange wichtigen Verwandtschaftszweige sind in dem
abgebildeten Stammbaum deutlich hervor-
gehoben. Selbstverständlich werden auch
die anderen aufgezählten Tiergruppen
noch weiter unterteilt, was in diesem Zusammenhang allerdings nur verwirren
würde.

Die Mexikanische Rotbeinvogelspinne
ist eine von vielen Arten der Gattung Brachypelma. Verfolgt man den Stammbaum
nun weiter zurück, so ist festzustellen, daß
die Gattung *Brachypelma* neben einigen
anderen Gattungen zu der Unterfamilie

Grammostolinae gehört. Mehrere Unterfamilien zusammen bilden eine Familie. In
jedem Fall gehören die Grammostolinae zu
der Familie Theraphosidae. Mit den Falltürspinnen und den Tapezierspinnen faßt
man diese Familien zur Unterordnung der
Mygalomorphae zusammen.

Durch weiteres Zusammenfassen dieser
Unterordnungen gelangt man zu der Ordnung der Webspinnen (Araneae). Verfolgt
man diesen Weg weiter, erhält man
schließlich eine Art »Visitenkarte« der be-
treffenden Spinnenart:

Stamm: Arthropoda (Gliederfüßer)
Unterstamm: Chelicerata (Fühlerlose)
Klasse: Arachnida (Spinnentiere)
Ordnung: Araneae (Webspinnen)
Unterordnung: Mygalomorphae (Vogel-
spinnenartige)
Familie: Theraphosidae (Vogelspinnen)
Unterfamilie: Grammostolinae
Gattung: *Brachypelma*
Art: *smithi*

Wenn man auf diese Weise seine Vogelspinnen einordnet, wird man schon bald
feststellen, daß auch die Beschäftigung mit
der eigentlich so »trocken« wirkenden Systematik höchst aufschlußreich sein kann.

Der Habitus einer Vogelspinne

Das äußere Erscheinungsbild einer Vogelspinne läßt sich am besten anhand von
Zeichnungen erläutern. Dabei ist es unum-

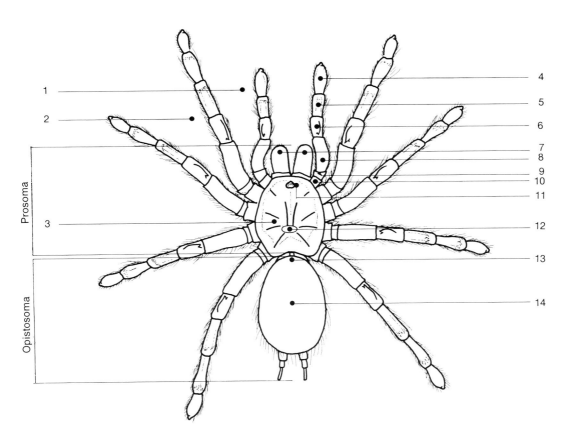

Habitus der Vogelspinne (Aufsicht)

1 = Pedipalpus
2 = Laufbein
3 = Cephalothorax
4 = Tarsus
5 = Tibia
6 = Patella
7 = Chelizera

8 = Femur
9 = Trochanter
10 = Coxa (mit Pedipalpenlade)
11 = Augenhügel
12 = Thoraxgrube
13 = Petiolus
14 = Abdomen

gänglich, die wissenschaftlichen Fachter-
mini zu verwenden. Viele Liebhaber haben eine gewisse Scheu vor diesen Begrif-
fen – aber mit ein wenig Übung gehen sie
rasch in Fleisch und Blut über. Es wäre
schlichtweg unmöglich, einzelne Vogelspinnenarten exakt zu beschreiben, wenn
jeder die Körperteile der Spinnen anders
bezeichnen würde!

Cephalothorax

Der Vorderkörper (Cephalothorax oder
Prosoma) der Spinnen besteht, neben den
Extremitäten, auf der Oberseite aus einem
Kopfbrustschild (Carapax) und auf der Un-
terseite aus einer sternförmigen Platte
(Sternum). Dem Sternum ist die Unterlip-
pe (Labium) beweglich angeschlossen. Zu-
sammen mit den rechts und links an den
Coxen angebrachten Kauladen dient das
Labium der Nahrungsaufnahme.

Während bei den Insekten Kopf und
Brust immer getrennt sind, sind bei den
Spinnen Kopf und Brust miteinander ver-
schmolzen.

Die Aufgaben des Carapax sind vielfältig. Zum einen übernimmt er eine Stütz-
funktion des Spinnenkörpers, zum anderen bietet er Platz für weitere Körperteile.
Der Kopfabschnitt des Carapax besitzt einen sogenannten Augenhügel, auf dessen
Fläche acht winzige Augen symmetrisch
angeordnet sind.

Im hinteren Drittel befindet sich eine
Thoraxgrube, von deren Zentrum aus sich
Radialstriemen (Striae radiantes) bis zu
den Beinansätzen erstrecken. Thoraxgrube
und Radialstriemen bieten im Inneren der
Spinne Ansatzflächen für die Beinmuskulatur und die Saugmagenmuskeln. Das erste Striemenpaar ist meist recht gut zu erkennen und grenzt gleichzeitig den Kopfteil vom Brustteil des Carapax ab.

Bei *Brachypelma emilia* (Orangebein-
Vogelspinne) ist das besonders deutlich zu
erkennen, da das Kopfstück anders gefärbt
ist, als das Bruststück.

Extremitäten

Die Cheliziren bilden das erste Extremitä-
tenpaar einer Spinne. Sie ragen ganz vorn
unter dem Carapax hervor. Bei den Vogelspinnen liegen die Chelizerenklauen parallel zur Körperlängsachse und schlagen
von oben nach unten. Anhand dieses
Merkmals zählt man die Vogelspinnen zu
den orthognaten Spinnen, zu denen auch
die Falltürspinnen, die Tapezierspinnen
und die Gliederspinnen gehören. Im Ruhe-
stand sind die Chelizerenklauen in eine
furchenartige Rinne der Cheliziren einge-
klappt.

In den Cheliziren liegen die länglichen
Giftdrüsen, deren Gift in die Chelizerenklauen geleitet wird. Der Giftkanal mün-
det in die Spitze der Klauen.

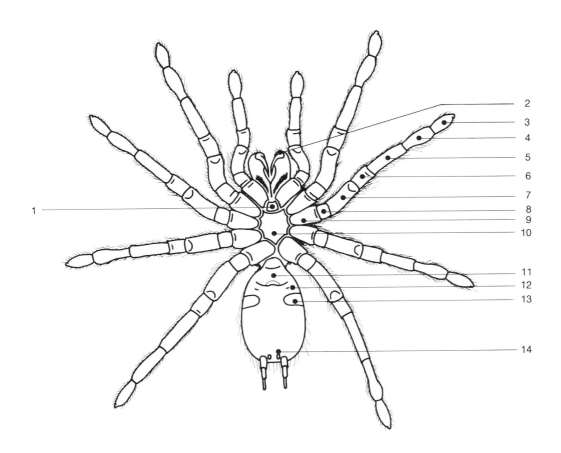

Habitus der Vogelspinne (Unterseite)

1 = Labium
2 = Chelizeren-Klaue
3 = Tarsus
4 = Metatarsus
5 = Tibia
6 = Patella
7 = Femur

8 = Trochanter
9 = Coxa
10 = Sternum
11 = Receptacula seminis
12 = Stigma
13 = Fächerlungenöffnung
14 = Spinnwarzen

Abbildung 10. Die Chelizeren sind paarig angeordnet. Die Chelizerenklauen können je nach Art bis zu 17 mm lang werden.

Abbildung 11. Oben: erstes Bein von Phormictopus canserides ♂ mit Tibiaapophysen. Unten: Taster von P. canserides ♂ mit Bulbus.

An die Chelizeren schließen sich die Kiefertaster (Pedipalpen) an. Bei Jungtieren und Weibchen sind diese eigentlich zu den Mundwerkzeugen gehörenden Organe zu Schreit- und Tastbeinen umgewandelt. Die einzelnen Segmente der Pedipalpen sind in den Zeichnungen namentlich genannt. Die Pedipalpen der Männchen sehen nach der letzten Häutung (Reifehäutung) völlig anders aus: Geschlechtsreife Männchen besitzen an den Tasterenden sogenannte Bulben. Das sind primäre Geschlechtsorgane, im Prinzip birnenförmige Vorratsbehälter, die in einer dünnen Spitze auslaufen. In dem Bulbus wird die Samenflüssigkeit zur späteren Begattung der

Weibchen gespeichert. Die Form der Bulben wird auch zur Bestimmung der einzelnen Arten herangezogen. Für den Liebhaberarachnologen ist aber die Identifizierung von Vogelspinnen anhand der Bulbenform so gut wie unmöglich, weil in der Regel einfach nicht genug männliche Tiere vorhanden sind! Außerdem ist eine solche Bestimmung nur an toten Tieren möglich.

Die folgenden vier Beinpaare gliedern sich in Hüfte (Coxa), Schenkelring (Trochanter), Schenkel (Femur), Knie (Patella), Schiene (Tibia), Mittelfuß (Metatarsus) und Fuß (Tarsus). An den Tarsenenden befinden sich in der Regel zwei einziehbare Krallen, die außerdem in zwei kleine Haarpolster eingebettet sind. Besonders bei den Vogelspinnen der Gattung *Avicularia* lassen sich die oft leuchtend gefärbten Haarpolster bei der Fortbewegung erkennen.

Eine Abweichung im Bau der Gliedmaßen findet man wieder bei geschlechtsreifen Männchen. Bei ihnen besitzen die Tibien des ersten Beinpaares sehr oft ein oder zwei Tibiaapophysen. Das sind kleine Auswüchse, die der Begattung des Weibchens dienen.

Neben den Bulben sind diese sekundären Geschlechtsorgane sichere Merkmale zur schnellen Unterscheidung zwischen Männchen und Weibchen.

Abdomen

Das Abdomen schließt sich durch ein kurzes, unscheinbares Verbindungsstück (Petiolus) an den Cephalothorax an. Der Name Abdomen ist eigentlich falsch, da er aus der Nomenklatur der Insektenwelt stammt und nicht direkt auf Spinnen übertragbar ist. Er hat sich aber auch in der Arachnologie bereits so fest eingebürgert, daß kaum jemand daran Anstoß nimmt.

Das Abdomen – eines der empfindlichsten Körperteile einer Vogelspinne – übernimmt viele lebenswichtige Funktionen. Als Nahrungs- und Energiespeicher befähigt es die Spinne zu monatelangen Fastenzeiten. Alle wichtigen Organe befinden sich innerhalb des Abdomens, wie zum Beispiel das schlauchförmige Herz, der Blutkreislauf, Teile des Darms, die Eiervorratsbehälter (Ovarien), die Geschlechtsorgane, die Spinndrüsen usw. Wir wollen uns aber nicht mit dem komplizierten Aufbau der inneren Anatomie von

Spinnen, sondern mit den erkennbaren äußeren Körperteilen beschäftigen.

Am Hinterleibsende befinden sich zwei lange, gut erkennbare und zwei kleine, kurze Spinnwarzen, die alle unabhängig voneinander beweglich sind. Auf der Abdominalunterseite bilden zwei sichtbare Öffnungen die Eingänge zu den Buchlungen. Dahinter liegen zwei weitere, versteckte Buchlungen. Die Stigmen der vorderen Buchlungen enden in der sogenannten Epigastralfurche, in die auch die Geschlechtsöffnungen der Tiere münden. Die beiden Stigmen der hinteren Buchlungen enden neben der Epigastralfurche.

Tast- und Sinneshaare

Die einzigartige Behaarung der Vogelspinnen ist eines der erstaunlichen Wunderwerke der Natur. Oft sind die einzelnen Haare so klein, daß man sie mit bloßem Auge gar nicht erkennen kann; sie sind nur unter dem Elektronenmikroskop sichtbar. **Geschmacks- oder Geruchshaare.** Die überwiegend an den Tastern und dem ersten Beinpaar sitzenden Geruchshaare sind wohl das interessanteste Phänomen in der Welt der Arthropoden. In Bruchteilen einer Sekunde geben die sogenannten chemotaktilen Rezeptoren dieser Haare ihre Informationen an das Spinnenhirn weiter. Dabei erkennen sie sogar die Futtertiere! Ob auch Vogelspinnen zum Finden der Ge-

Abbildung 12. Ein europäischer Skorpion, Euscorpio italicus, erbeutet ein Heimchen.

schlechter die in der Insektenwelt weit verbreiteten Pheromone (Sexualduftstoffe) einsetzen, ist bisher nicht geklärt. Es sprechen aber alle Gründe dafür, daß auch bei Vogelspinnen Pheromone existieren. Man kann z. B. eine männliche Vogelspinne zum Paarungsvorspiel und zur Balz aktivieren, indem man ein wenig Gewebe aus dem Bau des Weibchens mit einer Pinzette an die Taster des Männchens hält.

Tasthaare. Der gesamte Spinnenkörper, besonders die Extremitäten, ist von einer gleichmäßigen Schicht von Tasthaaren umgeben, die die unterschiedlichsten Aufgaben erfüllen. Sie bilden neben den Geruchshaaren die wichtigsten Sinneshaare einer Spinne. Mit den Tasthaaren ortet eine Spinne ihre Beutetiere – die Tasthaare sind so empfindlich, daß ihre Besitzer mit ihrer Hilfe nicht nur die Entfernung, sondern auch die Richtung und die Größe des Beutetiers feststellen können! Alle verschiedenen Tasthaare nehmen sämtliche mechanischen Wellen, also Erschütterungen und Vibrationen, wahr. Neben den Spaltsinnesorganen sind die Tasthaare die wichtigsten Mechanorezeptoren.

Hafthaare. Die Tarsen und Metatarsen vieler Vogelspinnen sind oftmals mit einem dicken Polster feinster Hafthaare (Haftpolster oder Scopula) bedeckt. Lange Zeit wußte man über die Wirkungsweise dieser Behaarung nichts. Mittlerweile scheinen sich die Forscher aber einig zu sein: Des Rätsels Lösung heißt Adhäsion. Die winzigen, an ihren Enden verzweigten Hafthaare nutzen die an allen Gegenständen vorhandenen feinsten Wasserschichten. Durch Kapillarwirkung zwischen der Wasserschicht und den Enden der Hafthaare wird die Scopula fest an ihrer Unterlage gehalten. An einer durch eine Spezialbehandlung absolut trocken gemachten Glasscheibe rutscht die Spinne ab! Die Haarpolster sind oft sehr farbenprächtig – eine Wirkung der Lichtbeugung, wie sie auch bei den prächtigen Schmetterlingen der Tropen zu beobachten ist.

Sonstige Haare. Viele amerikanische Vogelspinnen besitzen auf ihrem Abdomen sogenannte Brennhaare. Sie sind auf der Abdominalhaut recht locker befestigt. Durch Scheuerbewegungen der Hinterbeine ist die Spinne in der Lage, die winzigen Haare von ihrer Unterlage zu lösen und in die Luft zu wirbeln. Das Berühren dieser pfeilspitzen Härchen führt zu tagelangem

Juckreiz und Hautrötungen. In die Schleimhäute der Atemwege gelangt, können sie heftige Hustenkrämpfe auslösen. Spinnen, die sich einer solchen Waffe bedienen, nennt man auch Bombardierspinnen. Mit Hilfe von Hörhaaren sind Vogelspinnen in der Lage, auch niederfrequente Schallwellen wahrzunehmen.

Weitere für das Terrarium wichtige Ordnungen der Spinnentiere

Auf den folgenden Seiten stellen wir kurz die für die Terraristik wichtigen Ordnungen der Arachnida vor. Dabei betrachten wir nicht nur Tiere, die sich für die Haltung im Terrarium eignen, sondern auch solche, die als Futtertiere oder als Schädlinge für die Terrarienpflege von Bedeutung sind.

Ordnung: Scorpiones (Skorpione)

Neben den Spinnen die am häufigsten im Terrarium gepflegten Chelicerata. Tasterenden tragen jeweils ein scherenförmiges Endglied zum Ergreifen der Beute oder der Geschlechtspartner. Hinterleib deutlich siebenfach gegliedert. Schwanzartiges Postabdomen, fünfgliedrig in einem Giftstachel endend. Lebendgebärend:
- *Euscorpio italicus*
  (Italienischer Skorpion)
- *Pandinus imperator*
  (Afrikanischer Riesenskorpion)

Abbildung 13. Pandinus imperator ist einer der größten Skorpione West-Afrikas. Hier ein Weibchen mit Jungen.

Ordnung: Uropygi (Geißelskorpione)

Manchmal als Terrarientiere gepflegt. Sehr versteckte Lebensweise. Die Kieferfühler und Kiefertaster sind zu Klauen umgewandelt. Vorderes Beinpaar sehr dünn und fühlerartig gebaut. Dünnes, segmentiertes Postabdomen. Einige Arten verspritzen Essigsäure.

Ordnung: Solifugae (Walzenspinnen)

Begehrte Terrarientiere, allerdings schwierig zu halten. Körper spinnenähnlich. Abdomen in zehn Segmente unterteilt. Chelizeren ohne Giftdrüsen zu kräftigen Greifzangen umgewandelt. Nachtaktiver Wüstenbewohner. Schneller Läufer, geschickter Insektenjäger.

Abbildung 14. Ordnung: Uropygi.
Ein Geißelskorpion.

Ordnung: Pseudoscorpiones (Afterskorpione)

Häufig im Waldboden lebende, skorpion-
artig aussehende, bis 7 mm große Arten.
Abdomen in Segmente unterteilt, ohne
Postabdomen und Giftstachel. Gelegent-
lich im Terrarium gezüchtet. Bekannt sind
Bücherskorpione der Gattung *Chelifer*.

Ordnung: Acari (Milben)

Mit etwa 40000 Arten die größte Ordnung.
Terraristisch von sehr großer Bedeutung,
meist als:
– Schädlinge in Futterzuchten
– Parasiten auf oder in Terrarientieren
– symbiotisch lebende Arten zum Beispiel
  zwischen den Chelizeren der Spinnen

Abbildung 15 (oben). Ordnung: Solifugae. Walzenspinnen sind äußerst schnelle Jäger. Ihre Cheliceren durchdringen mühelos die menschliche Haut und können sehr schmerzhaft zubeißen. Solifugen besitzen keine Giftdrüsen. Abbildung 16 (unten). Milben schmarotzen an der Seite eines Skorpion (Opistophthalmus).

- Pflanzenschädlinge
- im Hausstaub lebende Arten, die Allergien hervorrufen können.

Wo leben die Vogelspinnen?

Je nach bevorzugtem Lebensraum kann man die Vogelspinnen in drei Gruppen einordnen:
- Baumbewohner
- Bodenbewohner
- unterirdisch lebende Arten.

Alle drei können aber auch durchaus nebeneinander im gleichen Biotop vorkommen.

Zu den baumbewohnenden Vogelspinnen gehören etliche Arten der Unterfamilie Avicularinae. Sie sind typische Kletterspinnen, die mit ihrer Körperform und Gestalt hervorragend an ein Leben in Bäumen und Sträuchern angepaßt sind. In der Regel besitzen solche Tiere ein verhältnismäßig kleines Abdomen, während die Tarsen und Metatarsen mit sehr großen Haftpolstern ausgestattet sind. So ausgerüstet, können diese Tiere selbst mühelos an sauberen Glasscheiben entlanglaufen.

Bemerkenswert ist die Fähigkeit einiger Arten, wie zum Beispiel *Avicularia metallica*, bei einer Bedrohung kleine Sprünge auszuführen und sich dann im freien Fall der Gefahr zu entziehen. Dabei spreizen sie ihre dicht behaarten Beine auseinander, so daß sie wie ein Fallschirm zu Boden se-

Abbildungen 17 und 18 (oben und unten).
Avicularia metallica in einem Sumpfgebiet in
Equador.

geln. Vielleicht ist auch das einer der Gründe dafür, daß man diese Spinnen Vogelspinnen nennt!

Da einige Arten überaus große Verbreitungsgebiete besitzen, können sie auch sehr unterschiedliche Biotope bewohnen. Die Fotos Abb. 17 und 18 zeigen eine normalerweise baumbewohnende *Avicularia metallica*, die in einem Sumpfgebiet im ostandinen Ecuador fotografiert wurde. Dort bewohnte sie die großen Blätter einer *Parnassia*-Art. In Französich-Guyana kommt *Avicularia* sogar in Dachkammern älterer Häuser vor und ist zeitweise recht häufig anzutreffen.

In Überschwemmungsgebieten des Amazonas, in denen das Land oft monatelang drei bis vier Meter unter Wasser steht, hat sich *A. metallica* an ein Leben in den Urwaldbäumen angepaßt. Dort lebt sie entweder unter der Rinde, oder sie spinnt sich zwischen den Ästen und Blättern eine geräumige Wohnröhre.

In Abb. 19 ist eine *Psalmopoeus*-Art abgebildet, die in dem Wurzelgeflecht eines umgestürzten Baumes an einem Flußufer im tropischen Regenwald Zentralpanamas fotografiert wurde.

Die auf Seite 98 abgebildete *Ephebopus violaceus* wurde im ecuadorianischen Regenwald im Trichter einer Bromelie gefunden. In Asien bewohnen Vogelspinnen, hauptsächlich der Gattung *Poecilotheria*, Bäume, Sträucher und sogar Häuser.

Die für den Liebhaber interssantesten Vogelspinnen finden sich unter den rein bodenbewohnenden Arten. Besonders die Gattung *Brachypelma* bietet eine große Fülle der wohl schönsten und einfach zu pflegenden Vogelspinnen.

Abbildung 19. Eine Psalmopoeus-Art im
Wurzelgeflecht eines umgestürzten Baumes im
tropischen Regenwald von Panama.

Abbildung 20 (oben) Biotop von Poecilotheria fasciata von oben. Neben P. fasciata fanden wir auch Kaloula pulchra ceylanica, Varanus salvator, wunderschöne Cyrtodactylus-Arten und prachtvolle Eisvögel.

Abbildung 21 (unten links). Lebensraum von Poecilotheria fasciata in Sri-Lanka. Die Art be-
wohnt Astlöcher und Baumhöhlen. Sie ist aufgrund ihrer sehr heimlichen Lebensweise und großer Seltenheit eine der kostbarsten Vogelspinnen der Erde.

Abbildung 22 (unten rechts). Vor dem Fang des Tieres mußte der Baum ein wenig verändert werden.

Abbildung 23. Fundort von Sericopelma
generala in Costa-Rica. Der Hang im Vorder-
grund des Bildes wird von dieser Art bewohnt.

Alle bodenbewohnende Vogelspinnen sehen recht kompakt aus. Ihr Hinterleib kann ansehnliche Maße annehmen: Eiertragende Weibchen haben zuweilen ein hühnereigroßes Abdomen. Die Extremitäten sind relativ dick und kurz und daher kaum zum geschickten Klettern geeignet.

Hochinteressante Arten enthält die Gruppe der unterirdisch lebenden Vogelspinnen. Sieht man einmal von den Familien Atypidae und Ctenizidae ab, die zeitlebens in einer selbstgegrabenen Wohnröhre hausen, findet man in der Familie Theraphosidae eine stattliche Anzahl von Arten, die ein ruhiges, verstecktes Leben in der Erde führen. Einige Arten graben fast senkrechte, tiefe Wohnröhren, an deren Eingang sie nachts auf Beute lauern. Typische Beispiele für solche Arten sind die sehr häufig importierten »Thailand-Vo-

gelspinnen« der Unterfamilien Selenocosmiinae und Ornithoctoninae. Ihre unglaublich große Artenvielfalt ist ein Grund dafür, daß bis heute eine beträchtliche Verwirrung über Gattungs- und Artzugehörigkeiten herrscht.

Die in Kenia beheimatete *Citarischius crawshayi* lebt in metertiefem, festem Lateritboden und kommt nur selten aus ihrer Behausung hervor. *Theraphosa leblondi*, aus den Regenwäldern Venezuelas, wohnt tief im Wurzelgeflecht der Urwaldbäume.

Alle unterirdisch lebenden Vogelspinnen sind in der Regel recht unscheinbar gefärbt. So ist *C. crawshayi* einfarbig rotbraun und *Hysterocrates hercules* schlicht beige.

Die stark an das unterirdische Dasein angepaßten Tiere können sich, wenn man sie ihrer Behausung entnimmt, auf norma-

Abbildung 24. Wohnungseingang der Behau-
sung einer Falltürspinne. Nach einem kräftigen
Regenschauer läßt die Spinne zum Belüften ihrer
»Wohnung« die Türe offen stehen.

lem Untergrund kaum vernünftig fortbe-
wegen. Schaut man sich einmal die »Dak-
kelbeine« von *C. crawshayi* an, dann ist
das auch nicht verwunderlich. Sehr interessante Spinnen sind die Arten der Harpactirae, einer Gruppe der Unterfamilie
Selenocosminae. Diese in Mittel- und Südafrika vorkommenden Tiere (dort werden
sie auch als Affen- oder Pavianspinnen bezeichnet) bauen sich im Fallaub, zum Teil
auch in der Erde, recht verzwickte Wohn-
röhrensysteme. Dennoch besitzen sie gewaltige Haftpolster an den Beinen, mit denen sie sehr gewandt klettern können.

Selbstverständlich ist es unmöglich, hier
alle Lebensräume der Vogelspinnen zu
schildern. Bei der gewaltigen Artenvielfalt
dieser Tiere stellen die in diesem Kapitel
beschriebenen Grundtypen nur einen ganz
groben Überblick dar.

Das Leben einer Vogelspinne

Ernährung

Die Hauptnahrung von Vogelspinnen bildet das große Heer der Insekten: Heuschrecken, Grillen, Heimchen und Schaben
bieten sich in der Natur, aber auch in der
Terrarienpflege als wichtigstes Futter an.
Junge Vogelspinnen kann man mit den
Larven derselben Futtertiere aufziehen.

Viele Autoren sind der Meinung, es gä-
be unter den Vogelspinnen echte Futter-
spezialisten. Obwohl ich unseren Pflegin-
gen keineswegs eine gewisse Vorliebe für
bestimmte Futtertiere abstreiten möchte,
teile ich diese Ansicht jedoch nicht. Eine
nur Schaben vertilgende Vogelspinne wird
nach einer kleinen Fastenzeit auch andere
Insekten verzehren, ohne Schaden zu
nehmen.

Oft werden auch die großen Tausendfü-
ßer, die wegen ihrer übelriechenden Sekrete von anderen Tieren gemieden werden, von Vogelspinnen mit »Genuß« gefressen.

Beim nächtlichen Umherstreifen ver-
schmähen hungrige Spinnen selbst nestjun-
ge Mäuse und Jungvögel nicht; auch kleine
Reptilien werden von einigen Vogelspinnenarten erbeutet.

Auch andere Spinnen, sogar Artgenossen, kommen als Futtertiere in Frage. Vor
allem aber »verbrauchte« männliche Vogelspinnen dienen häufig der Kräftigung

Abbildung 25. Beutetiere werden zwischen den Chelizeren gehalten und anschließend durch knetende Bewegungen zerquetscht.

der weiblichen Tiere, ehe sie sich den Anstrengungen der Brutpflege widmen müssen – eine sinnvolle, keinesfalls als grausam zu bezeichnende Einrichtung der Natur, die der Arterhaltung dient.

Nahrungserwerb

Während einige Arten in der Dämmerung oder nachts ihr Versteck verlassen, um Beute zu suchen, ziehen andere es vor, am Eingang der Wohnhöhle auf ihr Futter zu warten. Besonders solche Arten, die sich große Wohngespinste weben, haben einen geringen Aktionsradius. Wird der Hunger bei diesen Arten zu groß, verlassen aber auch sie ihre Wohnung, um aktiv nach Beute zu suchen.

Speziell beim Nahrungserwerb ist die Spinne auf ihren hervorragenden Tastsinn angewiesen. Schon geringste Erschütterungen, die ein umherlaufendes Insekt verursacht, veranlassen die Spinne zu einer sekundenschnellen Wendung in Richtung Insekt. Befindet sich das Opfer in erreichbarer Nähe, stürzt sich die Spinne mit aller Kraft darauf. Gleichzeitig schlägt sie die Chelizerenklauen in das Insekt und versucht, es durch Kaubewegungen abzutöten. Leistet die Beute Widerstand, so wird der Fang unter Zuhilfenahme einiger oder sogar aller Beine festgehalten. Flüchtende Futtertiere werden nur über kurze Distanzen verfolgt.

Erstaunlich ist, daß manche Vogelspinnenarten ihre abgetöteten Futtertiere nicht sofort verzehren. Viele Arten legen die Futterbrocken erst einmal ab und beginnen, sie mit rhythmischen Hinterleibsbewegungen regelrecht einzuspinnen. Es entsteht eine Art Teppich, in dessen Zentrum sich die eingesponnenen Futtertiere befinden. Ab und zu wird der Futterbrocken aufgenommen, erneut abgelegt und die Prozedur des Einspinnens wiederholt. Zu welchem Zweck dieser Vorgang dient, ist bisher nicht genau geklärt. Vielleicht dienen die Inhaltsstoffe der Spinnfäden der besseren Verdauung des Futters.

Nahrungsaufnahme

Spinnen besitzen keinen mit dem anderen Tiere vergleichbaren Magen. Die Speiseröhre ist so dünn, daß nur winzige Partikel und flüssige Stoffe durch sie hindurch passen. Aus diesem Grund sind die Spinnen dazu gezwungen, ihre Nahrung außerhalb des Körpers (extraoral) zu verflüssigen. Das geschieht, indem die Tiere aus dem Verdauungstrakt Sekrete, die komplizierte Enzyme enthalten, über den Saugmagen absondern und sie dann mit dem Futterbrocken mischen. Die Enzyme lösen die verdaulichen Bestandteile des Futters auf. Durch Kaubewegungen der Chelizeren und anderer Mundwerzeuge werden der Nahrungsbrocken wie ein nasser Schwamm ausgedrückt und die austretende flüssige Nahrung über den schon erwähnten Saugmagen auf demselben Wege wieder eingesogen. Bei dieser Prozedur kann der Hinterleib auf das doppelte seines Volumens anschwellen.

Schließlich bleibt zwischen den Chelizeren nur noch eine kleine Kugel unverdaulicher Überreste zurück. Sie wird an einer vom Wohnort weiter entfernten Stelle abgelegt. Recht belustigend dabei ist das Verhalten von *Avicularia metallica*: Sie katapultiert ihre Futterreste in hohem Bogen aus dem Wohnbereich, bis zu 30 cm weit.

Obwohl viele Ballaststoffe gar nicht erst in den Spinnenkörper hineingelangen, müssen Spinnen von Zeit zu Zeit doch etwas Kot, oder besser Urin, abgegen. Diese Abfallstoffe werden in gesonderten Gefäßen im Spinnenkörper gespeichert und bei Bedarf ausgestoßen. Sie bestehen zum größten Zeil aus feinen Guaninkristallen

Abbildung 26. Ein Weibchen von Brachypelma albopilosa kurz vor einer Häutung. Die kahle Stelle am Abdomen hat sich bereits dunkel gefärbt.

und sind von weißgelber Färbung. *Acanthoscurria gigantea* spritzt bei ihrer Verteidigung mit diesen Exkrementen zielsicher in Richtung des Angreifers!

Wachstum

Vogelspinnen wachsen nicht kontinuierlich wie wir Menschen, sondern in regelmäßigen Wachstumssprüngen. Da der Chitinpanzer nicht mehr wachsen kann, muß sich die Spinne von Zeit zu Zeit ihrer zu eng gewordenen Haut entledigen. Hormonelle Vorgänge leiten einen solchen Häutungsprozeß ein. Jungspinnen häuten sich infolge ihres schnelleren Stoffwechsels alle zwei bis vier Wochen, ältere Tiere nur noch nach zwei bis drei Monaten, erwachsene Weibchen höchstens einmal im Jahr. Geschlechtsreife Männchen häuten sich gar nicht mehr.

Mehrere Tage bis Wochen vor der eigentlichen Häutung nehmen Vogelspinnen keine Nahrung mehr zu sich. Sie verhalten sich in dieser Zeit merkwürdig ruhig, ja, sogar eine gewisse Katalepsie (Ruhestarre) konnte ich bei einigen Arten feststellen. Viele Tiere suchen jetzt trockene, ebene Flächen auf und bleiben dort tagelang sitzen. Manche Arten ziehen sich in ihre Wohnhöhlen zurück und spinnen den Eingang von innen zu. Nun beginnen sie, die ausgewählte Fläche mit einem dichten Gespinst auszupolstern; sie bauen einen Häutungsteppich. Sehr häufig streifen amerikanische Arten ihre Abdominal-Reizhaare ab und verteilen sie auf und um den Häutungsteppich. Selbst der Wohnungseingang wird mit den Brennhaaren »gespickt«. Sie halten vorwitzige Nagetiernasen vor dem Eindringen in die Höhle wirkungsvoll ab.

Bereits in dieser Zeit bewirken hormonelle Vorgänge, daß sich unter der alten Haut eine neue bildet. Steht die Häutung unmittelbar bevor, dringt eine sogenannte Exuvialflüssigkeit zwischen die beiden Häute. Bei Spinnen mit einer »Glatze« kann man dies gut erkennen: Die ursprünglich rosa oder fleischfarbene Stelle des Abdomens wird jetzt fast schwarz, weil die Pigmentierung der neuen Abdominalbehaarung unter der alten Haut begonnen hat und kein Licht mehr durch die nun getrennten Hautschichten reflektiert wird. Auch die Gelenkhäute werden dunkel. Die Häutung beginnt.

Zu diesem Zweck legen sich die meisten Arten in Rückenlage auf ihren Häutungsteppich. Bei einigen Arten erfolgt die Häutung aber auch in Bauchlage. Dann folgt eine Phase, in der die Tiere oft stundenlang bewegungslos verharren, um für den anstrengenden Häutungsprozeß Kraft zu schöpfen. Nun wird die Körperflüssigkeit aus dem Abdomen in den Vorderkörper gepreßt. Dabei steigt der Körperinnendruck auf das Doppelte seines ursprünglichen Wertes an. Durch Knetbewegungen der Cheliceren wird das Absprengen des Carapax eingeleitet. Er löst sich zuerst von der neuen Haut ab. Es folgen die Extremitäten, die durch rhythmisches Hin- und Herbewegen aus ihrer Hülle herausgleiten. Am einfachsten schlüpft das Abdomen mit den Spinnwarzen aus seiner Umhüllung; es ist ohnehin schon durch die Flüssigkeitsverlagerung geschrumpft. Die abgestoßene Haut (Exuvie) wird nach oben befördert und fällt schließlich zur Seite. Der Häutungsvorgang ist abgeschlossen. Die Bilder auf den Seiten 35 zeigen diesen Prozeß sehr anschaulich.

Die »frische« Spinne ruht noch einige Stunden in der Rückenposition. Nun beginnt die noch weiche Chitinhülle der Spinne allmählich zu erhärten. Sind die Beine dann kräftig genug, kann sich das Tier wieder in die normale Position umdrehen. Die Härtung ist nach spätestens einer Woche abgeschlossen und die Spinne dann wieder zum Beutefang fähig.

Abbildungen 27 bis 32. Unterschiedliche Häutungsstadien von Grammostola pulchripes. Der Ablauf einer Häutung wird auf Seite 34 beschrieben.

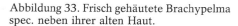

Abbildung 33. Frisch gehäutete Brachypelma
spec. neben ihrer alten Haut.

Der Häutungsvorgang ist einer der ge-
fährlichsten Abschnitte im Leben einer Vogelspinne: Wird sie während der Häutung
gestört, kann der Prozeß nicht normal wei-
terlaufen. Das Tier bleibt in seiner Haut
stecken und verendet. Auf mögliche Störungen während der Häutung im Terrarium weise ich in dem Kapitel »Fehler«
noch besonders hin.

Regenerationsvermögen

Betrachten wir eine Spinne nach einer erfolgreichen Häutung, dann stellen wir fest,
daß das Tier einige Veränderungen erfah-
ren hat. Auffällig ist, daß die Farben nun
wieder in ihrer vollen Pracht erscheinen.
Auch die Körperbehaarung ist wieder vollständig vorhanden.

Abbildungen 34 und 35 (oben und unten). Brachypelma smithi beim Bau eines Spermanetzes. (Siehe auch Seite 38 und 39).

In der Tat ist das Regenerationsvermögen der Vogelspinnen ein Wunderwerk der Natur: Taster, Spinnwarzen, Chelizeren, selbst zwei oder drei Beine, die ein Tier durch einen Unfall verloren hat, sind nach spätestens drei bis vier Häutungen wieder komplett vorhanden.

Männliche Vogelspinnen häuten sich nur bis zu ihrer Geschlechtsreife. Erst nach dieser Häutung (Imaginalhäutung) besitzt das Männchen seine Bulben an den Tasterenden. Anders die Weibchen: Bedingt durch ihre hohe Lebenserwartung von bis zu 25 Jahren, sind sie darauf angewiesen, ihre äußeren, verbrauchten Körperteile alljährlich zu regenerieren. Doch mit der alten Haut geht auch ihr Samenvorratsbehälter (Receptacula seminis) verloren. Daher können Weibchen, die nach einer Häutung nicht wieder begattet wurden, niemals befruchtete Eier legen.

Fortpflanzung

Füllen des Bulbus

Sechs bis acht Wochen nach der Reifehäutung werden die männlichen Vogelspinnen unruhig. Die Zeit der Balz und der Paarungen beginnt.

Zuvor müssen die Tiere aber ihre beiden Bulben an den Tasterenden mit Sperma füllen. Das geschieht, indem sich die Tiere zuerst an einer geeigneten Stelle ein soge

Abbildungen 36 und 37. Ist das Gewebe fertig, so kriecht das Tier in einer »Rolle vorwärts« unter das Netz (Bild 36). Bild 37 zeigt eine Brachypelma emilia, die in Rückenlage den Spermatropfen unter das Gewebe heftet. Anschließend kriecht die Spinne wieder hervor und greift, über dem Spermanetz stehend, mit den Tastern unter das Gewebe und saugt mit den Bulben den Spermatropfen ein. Das Tier ist nun für eine Kopulation bereit.

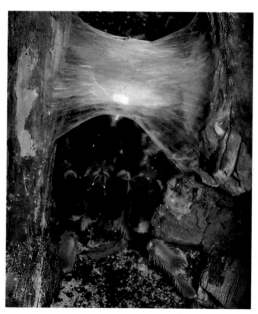

nanntes Spermanetz errichten. Zum Beispiel zwischen zwei parallel liegenden Aststücken oder zwischen Seitenwand und Bodenfläche des Terrariums. Zuerst wird der Boden mit einem dichten Gewebe ausgekleidet, das später als Unterlage für das Männchen dient. Ein zweites, trapezförmiges Gespinst wird in etwa 2 – 4 cm Höhe parallel zur Unterlage errichtet. Anschließend klettert das Vogelspinnenmännchen mit einer Vorwärtsrolle zwischen die beiden Gewebeflächen. So ist das Tier in der Lage, auf dem Rücken liegend einen Spermatropfen aus dem Genitalbereich des Abdomens an die Unterseite des oberen Gewebes anzuheften. Schließlich kriecht die Spinne aus den Gewebeschichten wieder hervor und begibt sich unverzüglich mit ihrem Sternum über das obere Gespinst, direkt über den Spermatropfen. Mit beiden Tastern greift das Männchen dann unter das Gewebe und saugt mit pumpenden Bewegungen der Bulben die Sermaflüssigkeit auf. Ist diese Prozedur beendet, reißt das Tier sein nutzlos gewordenes Spermanetz ab und verzehrt es zum größten Teil. Jetzt ist das Männchen zur Begattung eines Weibchens bereit.

Paarungsvorspiel und Paarung

Die nun folgenden Balz- und Paarungsrituale sind zum Teil von Art zu Art recht verschieden. Bei der Werbung um einen

Abbildung 38 zeigt den Vorgang am Beispiel
von Brachypelma smithi.

Partner folgen abwechselnde rhythmische
Klopfzeichen, die von dem Artgenossen
beantwortet werden. Nachfolgend wird
dazu das Paarungsvorspiel von *Brachypelma smithi*, der Mexikanischen Rotbeinvogelspinne beschrieben, die zwar durch das
WA (Anhang II) geschützt ist, aber häufig
gepflegt wird und nicht leicht zu züchten
ist.

Auch ohne Anwesenheit eines Weibchens beginnen die Männchen der Mexikanischen Rotbeinvogelspinne meist in der
Nacht, um einen Partner zu werben. Auf
alle acht Beine hoch aufgerichtet, verursa-
chen sie durch rhythmisches Zusammen-
ziehen der Beinmuskulatur ein auch für
das menschliche Ohr wahrnehmbares, nie-
derfrequentes Brummen. Es dauert jeweils

Abbildung 39.
Paarung von Phormictopus cancerides.

etwa drei Sekunden und wird durch vier bis fünf kurze Pausen unterbrochen. Erfolgt keine Antwort durch ein Weibchen, wiederholt das Männchen dieses Geräusch nach 15 bis 20 Sekunden, oft die ganze Nacht hindurch. Befindet sich ein paarungswilliges Weibchen in der Nähe, wird es dem Männchen in der Regel antworten: Etwa fünf Sekunden nach dem Zeichen des Männchens bringt das Weibchen einen ähnlichen Ton hervor. Abwechselnd stimulieren sich die Tiere nun mehrere Stunden lang. In der Natur würde sich das Männchen jetzt dem Unterschlupf des Weibchens nähern. In der Gefangenschaft muß der Pfleger helfen, indem er das Männchen in das Terrarium des Weibchens setzt.

Ist das Männchen dann in unmittelbarer Nähe des Weibchens, ändert es daraufhin sein Verhalten:

Unter dem geschilderten Geräusch und durch energisches Klopfen mit Tastern und Vorderbeinen versucht es, die Aufmerksamkeit des Weibchens auf sich zu lenken. Dabei trifft es nicht nur den Boden vor dem Weibchen, sondern auch dessen Körper selbst.

Ein interessantes Verhalten konnte ich beim Paarungsversuch beobachten:

Die Männchen werben um die vorher ruhigen Weibchen oft recht energisch mit Beklopfen. Dadurch wird das Weibchen plötzlich aggressiv, richtet sich mit gespreizten Cheliceren auf und verharrt so für kurze Zeit. Gerade diese Stellung des Weibchens ist für das Spinnenmännchen die ideale Ausgangslage für die Kopulation, aber auch ein Drahtseilakt zwischen Leben und Tod.

Jetzt treten die Tibiaapophysen des Männchens in Aktion. Vorsichtig schiebt es die Vorderbeine zwischen die Cheliceren des Weibchens. Die Tibiaapophysen verankern sich in den Cheliceren und gewährleisten immer einen sicheren Abstand. Gewissermaßen in Frontalstellung betrillt das Männchen mit den Tastern zuerst das Sternum, später die Genitalregion des Weibchens.

Ist nun das Weibchen zur Kopula bereit, sackt es nach hinten und bietet dem Männchen nun Gelegenheit, dessen Bulben-enden in ihre Receptacula seminis einzuführen. Die oftmals komplizierten Formen der Bulben zwingen die Tiere mitunter zu erstaunlichen Verrenkungen der Taster. Ein Vorteil dabei ist die gute Beweglichkeit des Bulbus.

Interessant ist auch, wie sich die Paare nach der Kopulation trennen. Im Gegensatz zu den Radnetzspinnen ist es bei den Vogelspinnen eine Ausnahme, daß das Männchen nach der Paarung gefressen wird.

Nach einer Kopulationsdauer von – je nach Art – 30 Sekunden (*Brachypelma smithi*) bis 30 Minuten wachen entweder die Weibchen aus ihrer Kopulationsstarre auf und werden aggressiv, oder die Männchen flüchten plötzlich und lassen das Weibchen einfach liegen.

Erst wenn die Männchen nach mehreren Kopulationen langsam altern, kommt es häufiger zum Kannibalismus. Nach fünf bis sechs Paarungen verlieren die Männchen die Fähigkeit, bestimmte Signale an die Weibchen auszusenden. Die reagieren dann nicht anders als beim Nahrungserwerb:

Die Weibchen beißen zu. Männchen die nicht als Nahrung des Weibchens enden, sterben (auch im Terrarium) nach kurzer Zeit. Nach der Reifehäutung beträgt ihre maximale Lebenserwartung nur noch etwa ein Jahr. Kein Grund zur Trauer – haben sie doch vorher für hundertfachen Nachwuchs gesorgt.

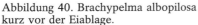

Abbildung 40. Brachypelma albopilosa
kurz vor der Eiablage.

Eiablage und Brutpflege

Während der Reifezeit der Eier im Abdomen des Weibchens, die etwa sechs bis zehn Wochen dauert, beginnen die Tiere mit den Vorbereitungen zur Eiablage. Auch hier gibt es artspezifische Verhaltensmuster. Während zum Beispiel *Brachypelma smithi* sich das ganze Jahr über relativ offen im Terrarium zeigt, sucht sie zur Brutpflege geräumige Wohnhöhlen auf und spinnt sie zu einer Brutkammer dicht. Eine rege Grabtätigkeit zeigt die bevorstehende Eiablage an. Oft stellen die Tiere ihre gesamte Umgebung, also die Terrarieneinrichtung auf den Kopf.

Abbildung 41. In einem kugelförmigen Gewebe hat eine Avicularia metallica bereits ihre Eier gelegt und mit Gewebe abgedeckt. Sie beginnt nun vom Rand aus das Gelege abzulösen und zu einer Kugel zu formen.

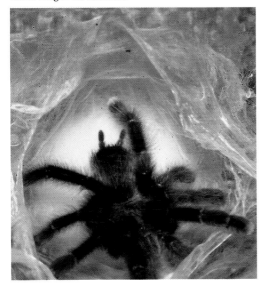

Das Foto auf Seite 42 zeigt *Brachypelma albopilosa* vor der Eiablage. Innerhalb eines birnenförmigen Gespinstes webt die Spinne zuerst eine kreisrunde, schüsselförmige Unterlage für die Eier. Diese Unterlage bildet später einen Teil des Kokons. Nun preßt das Weibchen seinen Genitalbereich darauf und läßt die Eier austreten. Vor dem Austritt werden sie durch eine Öffnung der Receptacula seminis befruchtet. Dann werden die Eier mit derselben Gewebeschicht, aus der auch die Unterlage besteht, überzogen. Der entstandene Kokon ist jetzt noch sehr flach. Durch Abtrennen der Unterlage von dem restlichen Gewebe der Brutkammer mit Tastern und Chelizeren entsteht ein kugelförmiges Ge-

bilde. Der noch unvollständige Kokon wird jetzt mit einer zweiten, watteartigen Gewebeschicht überzogen. Sie dient als Schutz vor Witterungseinflüssen und als Druckpolster. Eine feste, zum Teil mit Brennhaaren gespickte, dritte Schicht vervollkommnet den Kokon, der jetzt beinahe kugelförmig ist.

Vogelspinnenweibchen sind perfekte Mütter. Während sich im Inneren des Kokons die (je nach Art 30 bis 1000) Embryonen entwickeln, wird er von der Besitzerin streng bewacht. Ständig trägt sie ihn zwischen den Chelizeren und Tastern und kann so, indem sie die günstigsten Stellen der Umgebung aufsucht, die klimatischen Einflüsse bestimmen. Wird das Weibchen belästigt, versucht es zuerst sein Heil in der Flucht. Nützt das nichts, können selbst Arten wie *B. smithi* recht aggressiv werden.

Einige Arten legen ihren Kokon zwischendurch zur Seite, etwa um Körperpflege zu betreiben. Bei einer Belästigung nehmen sie ihn aber blitzschnell wieder auf. Es stimmt nicht, daß Vogelspinnen während der Brutpflege keine Nahrung zu sich nehmen: *Brachypelma smithi* fraß bei mir in dieser Zeit mehrere erwachsene Grillen.

Sind die Jungtiere geschlüpft, werden sie noch einige Tage vom Weibchen bewacht. Nach der ersten Häutung außerhalb des Kokons können sie erstmals Nahrung zu sich nehmen. Jetzt verstreuen sie sich, und auch die Brutpflege der Mutter ist nun beendet.

Abbildung 42 (oben). Brachypelma albopilosa mit Kokon.

Abbildung 43 (unten links). Entwicklung vom Ei bis zum zweiten Larvenstadium. Tiere im zweiten Larvenstadium können bereits den Kokon verlassen, kehren aber bei Gefahr wieder dort-hin zurück. Erst nach einer weiteren Häutung sind die Tiere selbstständig (Bild 47) und nehmen dann Nahrung zu sich.

Abbildung 44 (unten rechts). Macroaufnahme einer Nymphe von Brachypelma albopilosa (×20).

Abbildung 45. Blick auf den geöffneten Kokon
von Grammostola pulchripes. Noch befinden
sich die Spinnen im zweiten Larvenstadium.

Entwicklung der Eier

Vogelspinnen machen bis zum fertigen
Jungtier mehrere Entwicklungsstufen
durch. Innerhalb des Kokons schlüpfen
nach zwei bis drei Wochen aus den Eiern
sogenannte Nymphen. Gleichzeitig mit
dem Schlupf verlassen die etwa 3,5 mm

kleinen, blaßgelben, fast bewegungsunfä-
higen Geschöpfe ihre Embryonalhaut, so
daß man von der ersten Häutung sprechen
kann. In ihrem Aufbau sind sie noch völlig
»unterentwickelt«: Die Extremitäten sind
kaum gegliedert, und die Augen sind gerade als runde schwarze Punkte zu erkennen.

Abbildung 47 (oben rechts). Larven und Jungtiere von Brachypelma albopilosa neben den Larvenhäuten.

Abbildung 48 (unten rechts). Bei unterschiedlichen Aufzuchtbedingungen entwickeln sich die Tiere auch verschieden. Das Bild zeigt gleichaltrige Geschwistertiere von Phrixothrichus roseus.

Abbildung 46 (links). Das Abdomen der Larven von Theraphosa leblondi ist fast erbsengroß.

In der sechsten Woche häuten sich die Nymphen ein zweites Mal. Jetzt sehen die Spinnenlarven bereits vogelspinnenähnlich aus, sind aber in ihrer Beweglichkeit immer noch stark eingeschränkt. Beine und Spinnwarzen sind jedoch schon funktionsfähig. Das Abdomen ist bereits ein wenig behaart. In diesem Stadium können die Spinnenlarven auch ohne die schützende Kokonhülle überleben. Die vorher hellgelben Tiere färben sich jetzt dunkel. Ihr Abdomen wird tiefschwarz, und etwa 14 Tage nach der zweiten Häutung schlüpfen die Tiere ein drittes Mal aus ihrer Haut.

Drei Tage nach dieser Häutung nehmen sie die erste Nahrung an. Die Jungspinnen sind oft völlig anders gefärbt als ihre Eltern, färben sich aber im Laufe der Zeit wieder um. Selbstverständlich schwanken die angegebenen Zeiträume stark. Einer der Gründe dafür sind die unterschiedlichen Aufzuchttemperaturen, die zum Beispiel bei *B. albopilosa* durchaus zwischen 20 und 27 °C wechseln dürfen. Bei diesen Temperaturen liegt die Zeitigungsdauer zwischen sieben und zwölf Wochen.

Haltung und Zucht

Bau des Terrariums

Auch wenn die heute käuflichen Terrarien in der Regel für die Haltung von Reptilien und Amphibien konzipiert sind, sind sie dennoch häufig recht unpraktisch und schlecht durchdacht, und bergen erst recht für unsere Vogelspinnen eine Fülle von Fehlern, die nicht selten zum Tod der Spinnen führen. Eine Lösung aus diesem Dilemma ist es, selbst einen geeigneten Behälter zu bauen. Mit einfach zu beschaffenden und zu verarbeitenden Materialien und ein wenig Geschick lassen sich schnell vernünftige Behälter bauen, die einem jahrelang Freude bereiten. Der nachfolgend beschriebene Bau eines solchen Kleinterrariums für Vogelspinnen ist selbstverständlich nur ein Vorschlag, der sich mannigfaltig variieren läßt, wobei man aber immer die Grundbedürfnisse der Tiere vor Augen haben muß.

Material und Werkzeug

- Glasscheiben (4 mm)
- Silikonkleber (nur auf Acetat-Basis)
- Glasschneider
- Korundpapier (200er oder 300er)
- Kunststoff-E-Profil (Laufleisten für 4-mm-Glasschiebetüren)
- Aluminium-Loch-Blech (1- bis 2-mm-Bohrungen) oder kreuzverschweißtes Gitter (Maschenweite 3–5 mm)
- Klebeband
- Laubsäge

Alle Glaskanten müssen sehr sauber verarbeitet und geschliffen sein. Wer Altglas verwendet, spart an falscher Stelle.

Innerhalb des Behälters dürfen keine engen Spalten oder Ritzen entstehen. Oftmals verhaken sich die Krallen der Tiere dann, und die Beine reißen ab.

Die Behälterhöhe für bodenbewohnende und unterirdisch lebende Vogelspinnen darf 30 cm nicht überschreiten, da diese Tiere oft stürzen und die Verletzungsgefahr somit sehr groß wird.

Fliegendraht und ähnlich dünne, biegsame Materialien als Lüftungsflächen sind völlig ungeeignet: Die Spinnen bleiben in den engen Maschen regelmäßig stecken.

Die Frontscheiben müssen für Wartungs- und Pflegearbeiten leicht abzunehmen sein. Besonders diejenigen, die Terrarien pflegen müssen, wissen, wie ärgerlich schlecht passende Schiebetüren und Deckel sind. Horizontal gleitende Scheiben in Alu- oder Kunststoffprofilen verhaken oft. Durch die Grabetätigkeit der Spinnen gelangen schnell Sandkörner und Holzstücke in die Leisten.

Der Behälter sollte von vorn und – z. B. zum Fotografieren – von oben gut zugänglich sein. Ein Deckel läßt sich mit Alu-T-Profilen leicht herstellen.

Für den Bau eines Behälters mit den Maßen 30 x 20,8 x 20 cm (Länge x Breite x Höhe) benötigt man folgende Materialien:

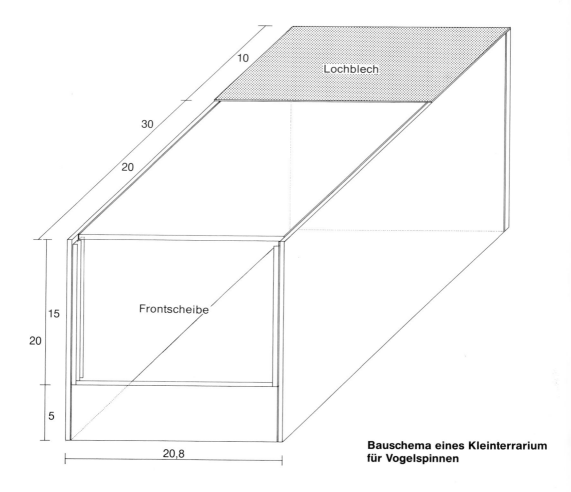

Bauschema eines Kleinterrarium für Vogelspinnen

- Grundplatte, 20 × 30 cm (4 mm Glasstärke)
- zwei Seitenscheiben, 30 x 20 cm
- Rückwand, 20,8 x 20 cm
- Steg, 20 x 7 cm

- Deckel, 20 x 20 cm
- Lochblech, 20,8 x 10 cm
- zwei Kunststoff-E-Profile, 13 cm
- Frontscheibe

Zuerst werden eine Seitenscheibe und die Rückwand von außen an die Grundplatte angeklebt, dazu werden die Scheiben mit Klebeband fixiert. Nun setzt man den Steg und die zweite Seitenscheibe ein. Nach etwa zwölf Stunden Härtungszeit für den Silikonkleber wird der Deckel zwischen die beiden Seitenscheiben geklebt. Zu beachten ist, daß man ihn um etwa 4,5 mm nach hinten versetzt. Die entstandene Lücke füllt später die Frontscheibe aus. Gleichzeitig wird auf die hintere Öffnung das Lüftungsgitter geklebt. Zum Schluß werden zwei Kunstoff-E-Profile an die Seitenscheibe so angebracht, daß sie zur Aufnahme der senkrechten Frontscheibe dienen. Die Maße der Frontscheibe werden erst ermittelt, wenn der Behälter fertig ist.

Der fertige Behälter läßt sich sehr gut in Regale von 30 cm Tiefe plazieren. In einem Regal von 1,20 m Länge und 0,80 m Höhe habe ich so 15 Spinnenterrarien einschließlich der Beleuchtung untergebracht.

Auf die gleiche Weise werden Behälter für Avicularinae gebaut. Die Maße sind dann auf die entsprechenden Höhen zu vergrößern, z.B. 30 x 30 x 50 cm (Länge x Breite x Höhe).

Einrichtung

Das Wohlbefinden einer Vogelspinne hängt maßgeblich von der Terrarieneinrichtung ab. Schon unbedachte kleine Un-stimmigkeiten im Behälter bewirken, daß die Tiere oft stundenlang umherkrabbeln. Oftmals versuchen sie, mit den Chelizeren am Lüftungsgitter einen Ausweg zu finden. Dabei strengen sie sich bis aufs äußerste an. Unfälle sind dann unvermeidlich: Die Chelizerenklauen brechen ab, und die Tiere sind nicht mehr in der Lage, Nahrung zu erbeuten. Bei der Einrichtung eines Terrariums sollten Sie unbedingt folgende Grundsätze beachten:

1. Die Tiere müssen sowohl feuchte als auch völlig trockene Stellen aufsuchen können.

2. Alle Aufbauten (Unterschlupf, Höhlen usw.) müssen so beschaffen sein, daß sie durch Unterwühlen nicht über den Spinnen zusammenfallen können.

3. Auf keinen Fall dürfen scharfkantige oder spitze Einrichtungsgegenstände vorhanden sein (gebrochene Steine, Kakteen und anderen Sukkulenten mit Stacheln).

4. Kondenswasser an den Innenseiten des Terrariums bewirken ein ständiges Abrutschen der kletternden Spinnen. Durch Bekleben der Scheiben mit kleinen Rindenstücken (nur mit Silikonkleber) wird diese Gefahr beseitigt.

5. Verwenden Sie nur natürliche Materialien, wie Ton, Keramik, Torf, Rinde usw. Vorsicht vor Korkprodukten für den Wohnungbau! Sie enthalten oft für Spinnen giftige Imprägnier- und Bindemittel. Auch dürfen Sie keine Blumenerde mit Unkrautvernichtern verwenden.

Abbildung 49. Regalanlagen zur Aufnahme
mehrerer Vogelspinnen.

Abbildung 50. Dieses Terrarium ist zur
Pflege von baumbewohnenden Vogelspinnen
aus Regenwäldern eingerichtet.

6. Zierpflanzen erst einsetzen, wenn sie mindestens fünf- bis sechsmal innerhalb von 14 Tagen geduscht worden sind! Frische Zierpflanzen (vor allem Billigware) sind oft durch Insektizide vergiftet.

7. Verwendet man als Bodengrund reinen Kies oder Sand, dann tötet man nach einiger Zeit jede noch so robuste Vogelspinne. Diese Materialien sind in Verbindung mit anfallenden Futterresten und Exkrementen ideale Brutstätten für schädliche Bakterien, Pilze und Milben.

8. Die Trinkgefäße müssen so ausgestattet sein, daß hineingefallene Futterinsekten auch wieder herausklettern können. Oft genügt ein aus dem Wasser ragender Stein.

Die Palette der Einrichtungsmöglichkeiten für Vogelspinnenterrarien ist groß. Sie reicht von einfachen Steppenterrarien für Spinnen aus trockenen Gebieten bis hin zu großzügigen Paludarien mit üppigem tropischen Pflanzenwuchs. Das Bild (siehe oben) zeigt ein kleines Terrarium (60 x 40 x 40 cm), in dem ich jahrelang *Avicularia metallica* zusammen mit afrikanischen Riesentausenfüßlern hielt. Einen Aspekt bei der Spinnenpflege darf man aber nicht vernachlässigen: Je großzügiger und schöner ein solches Becken eingerichtet wird, um so weniger sieht man von seinen Tieren.

Terrariumtypen

Terrarium für bodenbewohnende Vogelspinnen

Der Bodengrund sollte in einer Schicht von 5–8 cm Höhe eingefüllt werden. Er kann aus einer handelsüblichen Blumenerde oder aus einem Torf-Sand-Gemisch (3/4 Torf) bestehen. In kleinen Behältern, unter 40 cm Kantenlänge, lohnt das Einpflanzen von Ziergewächsen kaum. Die Spinnen ändern ihren Wohnbereich nach eigenen Gesetzen. An einer dunkleren Stelle des Behälters muß, besonders für die Gattung *Brachypelma*, ein trockenes, flaches, schüsselförmiges Stück Rinde bereit liegen. Viele Arten bevorzugen solche Stellen zur Häutung. An einer anderen Stelle wird als künstliche Höhle ein halbrundes Stück Zierkork (erhältlich in jeder Zoohandlung) oder ein zur Hälfte vergrabener Blumentopf plaziert.

Ein Wassernapf vervollständigt die spartanische, aber zweckmäßige Einrichtung

für unsere Pfleglinge. In größeren Terrarien eignet sich sehr gut auch ein eingegrabener Baumstumpf. Dann erübrigen sich die oben genannten Einrichtungsgegenstände – die Tiere bauen sich hier ihren Unterschlupf selbst.

Terrarium für unterirdisch lebende Arten

Als einfachste Terrarien für solche Tiere eignen sich die käuflichen Vollglasaquarien (selbstverständlich mit passendem Deckel). Bis zu 2/3 mit Erde (Rasen- oder Lehmerde) gefüllt, genügen sie bereits allen Ansprüchen. Um die Tiere beobachten zu können, muß man sie gewissermaßen überlisten: Eine Korkeichenröhre wird in Längsrichtung halbiert. Mit der offenen Seite legt man sie dann von innen schräg gegen die Seitenscheibe des Behälters. Eine Schicht Erde überdeckt alles, so daß nur noch eine Öffnung an der Erdoberfläche bleibt. Die Seitenscheibe wird mit schwarzer Pappe oder Folie abgedunkelt, die man nur zum Beobachten entfernt. Unerläßlich ist auch hier ein Trinkgefäß.

Terrarium für Baumbewohner

Solche Behälter lassen sich besonders hübsch einrichten. Da die baumbewohnenden Arten nur selten auf den Boden kommen, bieten sich als Bodengrund viele Materialien an. Sehr gut eignet sich eine dünne Schicht Torf mit einer Lage Moos darüber. Auch Blähton kann man verwenden.

Kletteräste sind für Baumbewohner äußerst wichtig. Einige verzweigte Äste genügen den meisten Arten. In den Behältern sollten die Wände auf jeden Fall mit Rinde bestückt sein. Vorhandene Pflanzen werden kaum beschädigt. Pflanzen schaffen auch im Spinnenterrarium ein für die Tiere angenehmes Klima. Allerdings halten sie sich nur in größeren Behältern und müssen täglich gewartet und gepflegt werden. Eine Beleuchtung darf ebenfalls nicht fehlen (nur Leuchtstofflampen). Folgende Pflanzen kann ich auf Grund meiner eigenen Erfahrungen empfehlen:

Maranta leuconora; hohe Luftfeuchte, feuchter Boden, viel Licht, Temperatur bis 27 °C

Scindapsus spec; hohe Luftfeuchte, halbfeuchter Boden, mäßig helles Licht, Temperatur bis 25 °C

Philodendron scandens; mittlere Luftfeuchtigkeit, feuchter Boden, wenig Licht, Temperatur bis 23 °C

Ficus repens (Syn. *F. pumilio*); geringe Luftfeuchte, feuchter Boden, viel Licht, bis 27 °C

Hoya caya; trockene Luft, leicht feuchter Boden, sehr viel Licht, bis 24 °C

Syngonium spec.; sehr hohe Luftfeuchte, feuchter Boden, viel Licht, bis 27 °C

Krankheiten und natürliche Feinde

Ein recht unangenehmes Thema im Zusammenhang mit Vogelspinnen sind die Krankheiten unserer Pfleglinge. Sie sind noch weitgehend unerforscht und werden es auch noch lange bleiben. Es gibt keine Medikamente, die unseren Tieren weiterhelfen.

Mittel aus der Veterinär- oder Humanmedizin haben keinen Sinn und können den Zustand kranker Spinnen nur noch verschlechtern. Um so wichtiger ist es deswegen zu wissen, wie man im Krankheitsfall dennoch einigermaßen zur Genesung seiner Spinnen beitragen kann. Aus meinen eigenen Erfahrungen schildere ich einige häufig auftretende Krankheiten und ihre Behandlung.

Pilzbefall

Selbst gesunde Spinnen werden bei falscher Haltung früher oder später durch Pilzbefall geschädigt. Besonders eine feuchte Haltung ohne befriedigende Luftzirkulation erlaubt es den Pilzsporen, sich ihren Nährboden auf dem Spinnenkörper zu suchen. Häufig findet der Erstbefall auf den Patellen und dem Cephalothorax statt. Von dort verbreiten sich diese Pilze schnell über die gesamte Spinne. Vor allem verletzte Stellen werden von den Sporen heimgesucht.

Abbildung 51. Melopoeus minax mit einer verpilzten Verletzung auf dem Carapax.

Man erkennt den Pilzbefall sehr gut: Die anfänglichen kleinen weißen oder grauen Flecke werden im Laufe von zwei bis drei Wochen größer. Ohne Gegenmaßnahmen wird der Chitinpanzer der Spinne besonders an den Beinen durch die Pilze geschädigt und anfällig für andere Krankheiten. Die Stoffwechselprodukte der Pilze sorgen für eine Vergiftung des Organismus. Befallene Spinnen verhalten sich anfangs normal. Nach einiger Zeit aber liegen sie nur noch apathisch in einer Ecke des Terrariums. Im Endstadium reagieren sie nicht einmal mehr auf Störungen.

Durch das Umsetzen in einen gesäuberten, frisch eingerichteten Behälter mit einer großen Lüftungsfläche schafft man Abhilfe. Positiv hat sich auch das Bepinseln kleiner befallener Stellen mit Isopropanol (Alkohol aus der Apotheke) ausgewirkt. Die benetzte Körperstelle wird gleich nach der Behandlung mit Fließpapier oder Watte abgetrocknet.

Das Bild auf der Seite 54 zeigt eine *Melopoeus*-Art mit einer verpilzten Verletzung des Cephalothorax. Nach der Behandlung und einer Häutung war das Tier wieder vollständig intakt.

Abbildung 52. Der glasig aufgedunsene Hinterleib von Brachypelma smithi ist vermutlich das Ergebnis einer Virusinfektion. Ebenfalls unnormal sind die drei dunkelbraunen Flecken. Das Tier wurde kurz nach dem Verenden fotografiert.

Bakterien und Viren

Fast aussichtslos ist der Kampf gegen einen Befall durch Bakterien oder Viren. Äußerst vielfältig sind hier die auftretenden Krankheitsbilder. Die Ursachen kann man nicht immer erkennen. Häufig sind mangelhafte hygienische Verhältnisse und falsche Haltungsbedingungen die Auslöser von Erkrankungen.

Ein Krankheitsbild zeigt das Foto (siehe oben): Häufig entstehen auf dem Abdomen (besonders bei sehr alten Tieren) kleine, kreisrunde, mit Flüssigkeit gefüllte, linsenförmige Blasen, die den Brandblasen auf menschlicher Haut ähneln. Besonders gut erkennt man diesen bakteriellen Befall auf dem Abdomen der Bombardierspinnen. Die anfangs kleine Fläche wächst im Verlauf von vier Wochen immer weiter heran und nimmt später die gesamte Abdominalfläche ein. Der Hinterleib sieht nun glasig und prall aus. Auf der Hautoberfläche entstehen braunschwarze Flecke. Das ist das Endstadium der Krankheit, und die Spinne verendet. Einer solchen Erkrankung können wir nur vorbeugen, indem wir unseren Spinnen eine optimale Unterkunft bieten.

Parasiten

Manchmal sind Vogelspinnen, vor allem frisch aus der Natur entnommene Tiere, mit Parasiten befallen. Leicht zu erkennen ist ein Befall mit Milben: Sie sitzen häufig an den Gelenkhäuten der Spinnentiere. Das Bild auf Seite 25 zeigt einen Skorpion, der mit schmarotzenden Milbenlarven besetzt ist. Die Perforierung der Spinnenhaut durch den Stechrüssel der saugenden Milben macht sie für Krankheitserreger durchlässig. Eine befallene Spinne muß man gut beobachten – bei einem Positionswechsel kann man die Milben mit einer kleinen Pinzette zerdrücken. Niemals eine festgesaugte Milbe von der Spinne abreißen!

Zwischen den Chelizeren sitzende Milbenkolonien sind in der Regel symbiotisch mit der Spinne vereinigt: Sie ernähren sich von anfallenden Futterresten und halten die Chelizeren der Vogelspinnen sauber. Dafür bietet die Spinne Schutz und Nahrung. Nimmt der Bestand dieser Milben

übermäßig zu, entfernt man sie am besten mit einem Pinsel. Normalerweise verringert sich der Milbenbestand aber während der Terrarienhaltung.

Weitaus unangenehmer ist der meist tödlich verlaufende Befall mit Nematoden. Diese millimetergroßen Würmer treten in der Natur fast überall auf. Manchmal kommt es in der Spinne zu einer explosionsartigen Vermehrung. Eine sich zu Anfang normal verhaltende *Brachypelma* verlor plötzlich beide Taster. Aus den entstandenen Wunden krochen winzige Würmchen hervor, die sich zu Tausenden in den Tastern und dem Kopfteil des Cephalothorax befanden. Nach zwei Tagen verendete das von innen völlig zerfressene Tier.

Zuweilen sind offene Wunden importierter Spinnen mit Eier oder Larven kleiner Fliegenarten besetzt. Aus den Eiern schlüpfen in kurzer Zeit ebenfalls Larven, die sich in das Innere der Spinne fressen und dort großen Schaden anrichten. Dermaßen verletzte Spinnen sind in Quarantäne zu halten.

Schlupfwespen

Eine interessante Form von Parasitismus findet man in der Natur zwischen Spinnen und bestimmten Wespenarten. Besonders die Wespen der Gattung *Pepsis* haben sich auf verschiedene Vogelspinnenarten spezialisiert: Die vagabundierenden Wespenweibchen suchen in den Spinnenbiotopen nach Vogelspinnen und deren Unterschlupf. Findet die Wespe eine Spinne einer bestimmten Art, so versucht sie, ihr einen lähmenden Stich zu versetzen. Gelingt ihr das, wird die Spinne in einen zum Teil selbstgegrabenen Unterschlupf gezerrt. An das Opfer heftet die Wespe ein oder mehrere Eier. Aus den Eiern schlüpfen Larven, die sich in die gelähmte Spinne hineinfressen. Im Laufe von mehreren Wochen verzehren sie zuerst alle weniger wichtigen, später aber auch die lebensnotwendigen Organe. Während dieser Zeit ist die Spinne noch am Leben. Anschließend verpuppen sich die Larven außerhalb der schließlich gestorbenen Spinne. Zwei Wochen nach der Verpuppung schlüpft eine neue Wespe.

Neben den Schlupfwespen gehören Kleinsäuger und Vögel zu den natürlichen Feinden von Vogelspinnen. Junge Vogelspinnen finden sich geradezu massenhaft in den Mägen von Reptilien und Amphibien.

Verletzungen

Anders als bei den zuvor geschilderten Krankheitsfällen kann man bei Verletzungen recht gut »erste Hilfe leisten«. Häufig entstehen Verletzungen beim Fang und beim Transport der Tiere oder bei Paarungsversuchen; selbst in einem optimal ausgestatteten Terrarium kommt es manchmal zu Unfällen. Die folgenden Ratschläge zeigen, was in solchen Fällen zu tun ist.

Verletzungen der Gliedmaßen

Häufig reißen bei Kletterversuchen von gut genährten bodenbewohnenden Spinnen einzelne Beine oder Taster teilweise oder ganz ab. Der Verlust eines kompletten Beines ist in der Regel nicht allzu tragisch. Vogelspinnen besitzen an den Coxen Sollbruchstellen, die ihnen erlauben, ihre Gliedmaßen im Notfall auszuklinken. Die entstandene Wunde trocknet nach wenigen Stunden ab. Schlimmer sieht es dagegen aus, wenn die Gliedmaßen an anderen Stellen abreißen: Die Wunden schließen sich dann nicht mehr selbständig. Bei jeder Bewegung der Spinne treten aus der verletzten Stelle große Mengen von Körperflüssigkeit aus. In diesem Fall muß das restliche Beinstück amputiert werden. Mit einer großen Pinzette, deren Enden durch stabile Schlauchstücke (Luftschlauch aus dem Aquarienzubehör) umgeben sind, faßt man das Femur des verletzten Beines etwa in der Mitte. Durch einen kräftigen Druck zwingt man nun die Spinne, ihr Bein auszuklinken. In der Regel wird sie sich gegen diese Prozedur energisch zur Wehr setzen. Man darf das Bein aber nicht wieder loslassen. Oft entsteht ein deutlich knackendes Geräusch. Eine andere, schonendere Methode ist das Abtrennen des Beines mit einer Schlinge: Ein Baumwollfaden (dünne Strickwolle) wird in einer Schlinge um das Femur des Spinnenbeines gelegt. Durch kräftigen Zug an den Fadenenden schließt sich die Schlinge, und das Bein wird freigegeben.

Verletzungen der Cheliceren und des Cephalothorax

Manchmal brechen, besonders bei aggressiven Spinnenarten, die Chelizerenklauen aus ihren Gelenken. Die Spinnen sind nur noch bedingt fähig, Nahrung zu erbeuten. Man sollte dann nur weichhäutige Futtertiere (zum Beispiel frisch gehäutete Insekten) anbieten. Nach der nächsten Häutung ist der Schaden dann behoben.

Kaum Heilungschancen haben Tiere, bei denen beide Chelizerenklauen gebrochen sind. Unfähig zur Nahrungsaufnahme, sind sie zum Hungertod verurteilt.

Verletzungen des Cephalothorax sind in der Regel nach ein oder zwei Häutungen verheilt. Die Fotos auf den Seiten 54 und 140 zeigen eine solche Wunde und das geheilte Tier.

Punktförmige Einstiche in das Abdomen werden meistens ohne Schwierigkeiten verkraftet. Größere Wunden (Schnitte oder Platzwunden) führen unweigerlich zum Ausfließen der Körpersäfte. Eine Heilung ist nicht möglich. Um den Spinnen ein langsames Ende zu ersparen, tötet man sie am besten durch schnelles Einfrieren.

Abgebrochene Tarsen behindern eine Vogelspinne kaum. Auf eine Amputation des Beines kann man, wenn die Wunde nicht näßt, in diesem Fall verzichten.

Die Pflege der Spinnen im Terrarium

Vogelspinnen sind recht anspruchslose Pfleglinge. Das darf aber nicht dazu führen, daß man sie vernachlässigt. Einzelne Tiere bereiten kaum Arbeit. Wer aber einmal einige 100 Jungspinnen großgezogen hat, weiß, wie arbeitsintensiv auch dieses Hobby werden kann.

Regelmäßige Arbeiten

Neben der täglichen Sichtkontrolle entnimmt man jeden zweiten Tag den Wasserbehälter dem Terrarium, säubert ihn und füllt ihn mit frischem Wasser. In Terrarien, die Vogelspinnen aus tropisch-feuchten Gebieten beherbergen, überprüft man den Feuchtigkeitsgehalt des Bodens und wässert gegebenenfalls durch Sprühen oder besser Gießen nach. Ein direktes Ansprühen der Spinnen ist dabei unbedingt zu vermeiden. Viele Arten flüchten panikartig vor dem Sprühnebel, so daß die Gefahr besteht, daß sie sich verletzen.

Wöchentlich oder alle 14 Tage säubert man die Sichtscheiben von Spinnfäden und Kotresten. Dabei keine Reinigungs- oder Lösungsmittel verwenden! Warmes, sauberes Wasser genügt in der Regel. Sind die zu säubernden Scheiben abnehmbar, kann man sie mit Geschirrspüler reinigen und anschließend mit klarem Wasser nachspülen. Futterreste werden von den Spinnen meist an bestimmten Stellen des Terrariums abgelegt. Sie müssen mit einer langen Pinzette entfernt werden. Auch Häutungsreste sind aus dem Behälter zu beseitigen. Wuchernde Pflanzen schneidet man zurück. Besitzt man mehrere Tiere, trägt man Veränderungen wie Häutungen, Paarungen, Verletzungen usw., am besten auf Karteikarten unverzüglich ein.

Spätestens nach einem Jahr muß man die Unterkunft der Spinnen vollständig reinigen. Dazu setzt man die Spinne in einen neu eingerichteten Behälter. Das frei gewordene Terrarium entleert man, säubert es gut und füllt es mit frischem Bodengrund. Einrichtungsgegenstände duscht man mit heißem Wasser ab und kann sie danach wieder verwenden.

Ständig, auch tagsüber, im Behälter umherlaufende Spinnen fühlen sich nicht wohl. Durch Umsetzen in einen anderen Behälter kann man den Tieren oft helfen.

Für einzelne Vogelspinnen ist erstaunlich wenig Pflegeaufwand notwendig: Mit etwa 30 Minuten Pflegezeit pro Woche und Tier sind sie weit anspruchsloser als alle anderen Terrarientiere.

Nimmt allerdings die Anzahl der gepflegten Tiere zu, ist ein zeitsparendes Gesamtkonzept, wie etwa eine Regalanlage mit vielen gleichartigen Behältern, unerläßlich. Auch die laufend anfallenden Kosten sind dann sehr hoch. Neben den Anschaffungskosten rechnet man am besten mit laufenden Kosten in einer Höhe von 5 DM in der Woche pro Tier.

Häufig auftretende Fehler bei der Spinnenpflege

Auch die Pflege von Vogelspinnen erfordert von ihren Besitzern ein wenig Lernfähigkeit. Nicht anders als bei der Haltung von Reptilien und Amphibien im Terrarium muß man auch das notwendige Fingerspitzengefühl bei der Beschäftigung mit Vogelspinnen erst einmal erwerben.

Obwohl unsere Vogelspinnen in der Regel aus tropischen und subtropischen Gebieten stammen, halten viele Liebhaber ihre Tiere bei zu hohen Temperaturen. Verluste während und nach einer Häutung sind oft die Folgen. Dabei sterben manche Tiere ohne erkennbare Anzeichen von Unwohlsein. Pflegetemperaturen zwischen 25 und 28 °C reichen für die meisten Arten vollkommen aus. Baumbewohnende Arten mögen es etwas wärmer.

Eine extreme Trockenheit (zentralgeheizte Wohnung) bewirkt bei bestimmten Arten ein zu langes Hinauszögern der notwendigen Häutungen. Erkennbare Anzeichen sind starkes Verblassen der Farben und apathisches Verhalten der Tiere. Die selben Anzeichen sieht man, wenn die Tiere zu kalt und gleichzeitig zu feucht gehalten werden.

Auf Verletzungsgefahren im Behälter habe ich bereits im Kapitel »Bau des Terrariums« hingewiesen. Ursachen für sehr ärgerliche Verluste sind im Behälter verbleibende Futtertiere. Besonders Grillen und Heimchen können eine sich häutende Vogelspinne anfressen. Übriggebliebene Futterreste sind daher einige Stunden nach der Fütterung zu entfernen.

Befinden sich im gleichen Haushalt Hunde oder Katzen, dürfen auf keinen Fall Flohhalsbänder, Flohschutzpulver und ähnliche Gifte angewendet werden. »Todsicher« wirken auch Insektensprays, Mükkenschutzsprays, Mafu-Strips, Mottenkugeln usw., auch wenn man sie in anderen Räumen einsetzt. Ammoniakhaltige Putzmittel (»Salmiak Plus«) können unsere Spinnen auf die Dauer ebenfalls schädigen.

Völliger Unsinn ist es, seinen Pfleglingen regelmäßigen »Auslauf« im Zimmer anzubieten. Abgesehen von den Gefahren, die eine solche Umgebung für die Spinne birgt, zwingt man die Tiere immer wieder dazu, sich in ihrem Behälter neu einzugewöhnen. Natürliche Verhaltensketten, wie zum Beispiel Paarung, Eiablage und Brutpflege, aber auch Häutungen werden dadurch beeinträchtigt, was zu einer Schädigung der Tiere führt.

Richtige Fütterung

Das Wohlbefinden der Vogelspinnen hängt nicht zuletzt von ihrer Ernährung ab. Schlecht ernährte Tiere wachsen langsam, häuten sich schlecht, und an eine Eiablage ist erst recht nicht zu denken. Darüber hinaus bleiben die Männchen in ihrer Körpergröße weit zurück. Sie sind auch kaum in der Lage, ihre Weibchen zu begatten.

Bei der Fütterung kommt es zunächst nicht auf eine abwechslungsreiche Kost an. Viel wichtiger ist es zu wissen, wann, wie oft und wie man füttern sollte.

Jungen Spinnen bietet man alle zwei bis drei Tage Futter entsprechender Größe an. Babyspinnen füttert man am besten mit *Drosophila* und frisch geschlüpften Heimchen und Grillen. Nach fünf bis sechs Häutungen bewältigen sie bereits kleine Stubenfliegen und Heimchen bis 7 mm Größe. Für die Fütterung sehr kleiner und empfindlicher Babyspinnen sei noch ein Trick verraten:

Die meisten Vogelspinnenarten nehmen auch frisches totes Futter an. Man kann einen kleinen Vorrat von kleinsten Futtertieren im Gefrierfach lange Zeit aufbewahren. Legt man abends einige gefrorene Insekten in die Nähe der Jungspinnen, finden sie das Futter in der Regel über Nacht und fressen es. So kann man auch etwas zu groß geratene Futtertiere an seine Jungspinnen verfüttern. Haben die jungen Spinnen eine Größe von rund 2 cm erreicht, bewältigen sie bereits erwachsene Grillen.

Die Gefahr, daß Spinnen durch Futtertiere gefressen werden, ist bei jungen Exemplaren besonders groß, weil ihre Häutungen in relativ kurzen Abständen erfolgen. Um so wichtiger ist es, restliche Futtertiere wieder aus dem Behälter zu entfernen.

Erwachsene Vogelspinnen bietet man alle 7 bis 14 Tage Futter an. Um zu vermeiden, daß sich unnötig viele Grillen im Terrarium verstecken, testet man vorher mit einem einzigen Futtertier, ob die Spinne hungrig ist oder nicht. Nimmt sie das gereichte Insekt sofort an, kann man noch vier oder fünf zusätzliche Grillen in den Behälter geben.

Manchmal verhalten sich männliche Vogelspinnen vor den verabreichten Grillen zurückhaltend. Das starke Umherspringen des lebenden Futters macht die Tiere nervös. In einem solchen Fall sollte man die Sprungbeine der Grillen und Heimchen entfernen.

Die gleiche Methode wendet man bei Spinnen mit einem stark gefüllten, prallen Abdomen an. Die Sprungbeine der Grillen mit ihrer starken Bedornung könnten sonst das Abdomen der Spinnen verletzen.

Frisch importierte Spinnen sind oft erbärmlich abgemagert. Um ihnen schnell und bequem eine große Menge Futter zukommen zu lassen, bedient man sich der Bereitschaft der Spinnen, auch frisches totes Futter anzunehmen. Aus einem Stück Rinderherz schneidet man einen Würfel von etwa 1,5 cm Kantenlänge heraus. Die völlig ausgehungerten Tiere nehmen den Futterbrocken normalerweise bereitwillig an. Nicht verwertetes Fleisch oder Überreste muß man spätestens nach 36 Stunden entfernen.

Wie schon im allgemeinen Teil erwähnt, bilden Insekten den größten Teil der Nahrung der Vogelspinne. Die der Terraristik zur Verfügung stehende Palette an Futtertieren ist besonders in den letzten Jahren sehr reichhaltig geworden. Der Mehlwurm hat fast ausgedient.

An seine Stelle sind qualitativ bessere Insekten, wie zum Beispiel Grillen, Heimchen, Wanderheuschrecken, Stubenfliegen, Schwarzkäferlarven oder Großschaben, getreten.

Nur ausnahmsweise sollte man großen Spinnen junge Mäuse anbieten.

Mit diesen Futtertieren kann man den Nahrungsbedarf der Vogelspinnen völlig decken. Meine Vogelspinnen ernähre ich ausschließlich mit Grillen und Heimchen, und sie erfreuen sich bester Gesundheit. Gleichzeitig erspart man sich viel Arbeit, Zeit und Geld, wenn man nur eine Sorte Futtertiere lagert.

Futterkauf und Futterzucht

Alle vorher genannten Futterinsekten kann man das gesamte Jahr über in gut sortierten Zoogeschäften kaufen. Grillen und Heimchen sind mit Abstand die preiswertesten Futtertiere.

Sehr praktisch sind die angebotenen Futterabonnements. Alle 7 oder 14 Tage bekommt man eine gewünschte Menge Futtertiere direkt ins Haus geliefert.

Auch Futterinsekten müssen richtig gepflegt werden. Ein eigens für sie eingerichtetes Terrarium und entsprechende Futtermittel sollte jeder Spinnenliebhaber besitzen. Das spart Geld, und die Qualität des Futters wird erheblich verbessert.

Wer genügend Platz zur Verfügung hat, kann sich sein Spinnenfutter selber züchten. Das ist die preiswerteste Methode. Man bedenke aber, daß Futterzuchten jeder Art sehr zeitraubend sind. Über die Zucht von Insekten gibt es mittlerweile genügend Literatur, so daß ich hier auf entsprechende Anleitungen verzichten kann.

Richtiger Umgang mit Vogelspinnen

Die Haltung von Vogelspinnen erfordert nicht nur Kenntnisse über die Tiere selbst, sondern auch darüber, wie man mit ihnen umgeht, sie verpackt, transportiert usw. Immer wieder werden bei Transport und Verpackung grobe Fehler gemacht.

Anfassen

Grundsätzlich sollte man seine Vogelspinnen so wenig wie möglich anfassen. Nur wenn unbedingt nötig, kann man friedliche und bedächtige Tiere, wie *Brachypelma* und *Avicularia*, mit der Hand aus dem Behälter nehmen. Dabei darf man sie nicht festhalten, sondern man bugsiert sie durch leichtes Antippen mit einem Finger auf die Handfläche.

Zur Geschlechtskontrolle bei Jungspinnen muß man die Unterseite des Abdomens sehen. Dazu greift man mit Daumen und Zeigefinger zwischen das zweite und dritte Beinpaar und hält so den Cephalothorax. Werden die Spinnen unruhig, muß man sie wieder loslassen. Aggressive und sehr schnelle Tiere auf keinen Fall mit den Händen berühren! Durch das Darüberstülpen einer Klarsichtdose und gleichzeitiges Unterschieben des Deckels kann man sie gefahrlos transportieren.

Untauglich sind Pinzetten und ähnliche Gegenstände, um Vogelspinnen zu ergreifen. Sie führen durch den starken Druck auf den Cephalothorax zu inneren Verletzungen.

Verpacken

Wer sich intensiv mit Vogelspinnen beschäftigt, wird irgendwann vor die Aufgabe gestellt, Nachzuchtspinnen oder auch erwachsene Tiere über weite Strecken zu transportieren. Übernimmt man den Transport selbst, kann man die Spinnen in kleinen Kunststofferrarien unterbringen. In der kalten Jahreszeit schützt man seine Tiere dann durch geeignete Styroporkisten. Oft wird aber die Post den Transport vornehmen. Dazu einige Ratschläge:

Voraussetzung für einen gefahrlosen Postversand ist eine vernünftige Verpackung. Hier sollte man nicht am falschen Ende sparen. Grundsätzlich eignen sich nur feste Styroporboxen mit passendem Deckel; Kartons und ähnliche Behälter werden erfahrungsgemäß zu stark gedrückt. Luftlöcher sind nicht erforderlich; sie heben den Isoliereffekt der Styroporverpackung auf. Die einzelnen Vogelspinnen verpackt man in Klarsichtdosen, die man vorher mit Küchenpapier so weit vollstopft, daß die Spinne gerade noch hineinpaßt. Das Papier polstert das Tier und bietet ihm genügend Halt. Sind die Dosen zu groß, schleudern die Tiere während des Transportes darin umher und verletzen sich.

Auf keinen Fall darf man den Spinnen Futter oder nassen Schaumstoff beigeben. Das Wasser verklebt das gesamte Abdomen der Spinne; das bedeutet Erstickungsgefahr! Es versteht sich von selbst, daß man Spinnen kurz vor einer Häutung nicht versendet. Luftlöcher in den Klarsichtdosen reizen die Spinnen dazu, mit den Chelizerenklauen Ausbruchsversuche zu unternehmen.

Die mit den Klarsichtdosen gefüllte Styroporbox wird bis zum Rand mit Zeitungspapier oder Holzwolle fest aufgefüllt. Die Holzwolle darf nicht mit Imprägniermitteln behandelt sein.

Der Versand geschieht per »Schnellpaket mit Eilzuschlag«. Das Paket wird dann innerhalb von zwölf Stunden den Empfänger erreichen. Sinken die Temperaturen unter 15 °C (auch an den Empfangsort denken!), verzichtet man deshalb auf den Postversand.

Übrigens fördert eine neutrale Verpackung den reibungslosen Ablauf des Versendens. Die Post übernimmt Tiertransporte nur in ausgewiesenen Verpackungen. Also: Keine Luflöcher und keine Aufschrift »Lebende Tiere« auf das Paket! Diese bei Wirbeltieren durchaus wichtige Regelung verliert bei Vogelspinnen ihre Zweckmäßigkeit.

Die Zucht von Vogelspinnen

Eine der wichtigsten Aufgaben in der Vogelspinnenpflege ist der Versuch, die Tiere auch nachzuzüchten – einerseits, um unnötige Massenimporte zu verhindern, andererseits kann man dann weitere Interessenten mit gesunden Spinnen versorgen. In Fachkreisen ist das gegenseitige Austauschen von Jungspinnen unterschiedlicher Arten eine Selbstverständlichkeit geworden.

Auswahl von Zuchttieren

Es ist sehr schwierig, bei nicht ausgewachsenen Vogelspinnen Geschlechtsunterschiede zu erkennen. Vor der Reifehäutung sehen bei den meisten Arten beide Geschlechter gleich aus. Ein Unterscheidungsmerkmal gibt aber mit zumindest 70prozentiger Sicherheit Auskunft: Männchen besitzen auf der Abdominalunterseite oberhalb der Epigastralfurche eine kreisrunde dunkle Region von 0,5 bis 2 mm Durchmesser. Sie besteht aus einem Spinndrüsenfeld, das später bei der Spermanetzproduktion in Aktion tritt. Die Geschlechtsöffnung der Männchen ist von zwei pinselförmigen Haarbüscheln umgeben.

Bei Weibchen ist die Geschlechtsöffnung in der Epigastralfurche bis zu 7 mm breit. Männchen kann man bereits ab der fünften Häutung auf diese Weise herausfinden. Eine starke Lupe leistet dabei gute Dienste. Die Bilder auf der Seite 65 zeigen die Genitalregion von *Aphonopelma chalcodes*.

Häufig bauen frisch gefangene Spinnen einen Kokon in ihrer neuen Behausung. Entwickeln sich daraus dann Jungtiere, ist man in der glücklichen Lage, bereits nach zwei bis drei Jahren erneute Zuchtversuche starten zu können. Nach dieser Zeit sind die Männchen der meisten Arten geschlechtsreif. Das ausgewachsene Weibchen steht ja ohnehin zur Verfügung.

Zuchtgruppe

Wie sollte nun eine Zuchtgruppe aussehen? Die kleinstmögliche Zuchtgruppe besteht aus einem Paar. Eine solche Zusammenstellung birgt aber viele Nachteile:

Falls keine Nachzucht erfolgt, besitzt man schließlich nur noch ein Weibchen; das Männchen ist in der Zwischenzeit längst gestorben. Hat man die Möglichkeit, unter mehreren Tieren auszusuchen, verfährt man am besten folgendermaßen: Ein bis drei Weibchen und drei bis fünf Männchen verschiedener Größe und verschiedenen Alters bieten auch in den darauffolgenden Jahren die Möglichkeit, Paarungsversuche durchzuführen. Nicht alle Weibchen sind zur selben Zeit paarungswillig. Bei mehreren Tieren kann man dann auf andere Weibchen ausweichen.

Vogelspinnenmännchen sind recht kurzlebig und nur kurze Zeit paarungsbereit. Bei Tieren unterschiedlicher Altersstufen werden jedes Jahr einige geschlechtsreif. So sind regelmäßig »frische« Männchen vorrätig.

Meine Zuchtgruppe von ehemals 15 *B. smithi* ist mittlerweile auf acht Tiere geschrumpft. Die sieben Männchen wurden über einen Zeitraum von vier Jahren geschlechtsreif. Bekommt man von einer Art ausschließlich kleine Jungtiere (zwei bis drei Häutungen) angeboten, muß man sich eines Tricks bedienen, um aus diesen Tieren Paare zu bekommen.

Abbildung 53 und 54 (oben und unten). Bei subadulten männlichen Vogelspinnen befindet sich oberhalb der Epigastralfurche eine dunkle kreisförmige Region. Bild 53 zeigt ein Weibchen von Aphonopelma chalcodes. Bild 54 ein subadultes Männchen derselben Art.

Während weibliche Spinnen bis zur Geschlechtsreife etwa vier bis sechs Jahre benötigen, können die männlichen Artgenossen bereits nach zwei bis drei Jahren erwachsen werden. Durch unterschiedliche Haltungsbedingungen wachsen die Jungspinnen auch unterschiedlich schnell heran. Zieht man die weiblichen Spinnen unter optimalen Bedingungen auf, während die Männchen auf äußerster »Sparflamme« gehalten werden, bekommt man mit etwas Glück zur gleichen Zeit geschlechtsreife Partnertiere. Diese Methode funktioniert aber nur bei wenigen Arten. *Brachypelma vagans* konnte ich mit dieser Methode nachzüchten; bei *Phryxotrichus roseus* war sie dagegen erfolglos. Hier waren die Männchen bereits nach zwei Jahren geschlechtsreif, aber kaum 4 cm groß!

Aggressivität zwischen den Geschlechtern

Sehr unterschiedlich sind die Verhaltensweisen zwischen den Geschlechtern bei den einzelnen Arten. Während einige ein überaus ruhiges Paarungsverhalten zeigen, gebärden sich andere nahezu hysterisch. Selbst Arten, die man ohne Zögern und Vorsicht mit den Händen berühren kann, zeigen während und nach der Paarung ein recht aggressives Verhalten gegenüber dem Partner. *Brachypelma smithi*-Weibchen versuchen regelmäßig nach der Paa-

rung, ihren Partner durch Bisse zu vertreiben. *Theraphosa leblondi* dagegen, eine wehrhafte und angriffslustige Art, verhält sich während der Paarung »lammfromm«.

Nach anfänglich nervösem Stridulieren läßt sich das Weibchen, Paarungswilligkeit vorausgesetzt, ohne Aggressionen vom Männchen begatten. Die Trennung der beiden erfolgt ebenfalls ruhig. Viele Männchen der Gattungen *Melopoeus* und *Selenocosmia* finden ihr Heil nur noch in der Flucht. Diesen Tieren muß man für die Paarung viel Platz anbieten, da sonst das Männchen vom Weibchen verfolgt und getötet wird. Während der Paarungszeit sind viele Arten der Gattung *Avicularia* äußerst friedlich. Von *A. metallica* lebte in einem Terrarium von 30 x 30 x 20 cm (L x B x H) über zehn Monate ein ausgewachsenes Pärchen zusammen! Allgemein möchte ich behaupten, daß die meisten Vogelspinnenenarten vor, während und nach der Paarung zwar ein recht aggressives Verhalten gegenüber dem Partner aufweisen, es aber bei gesunden kräftigen Tieren in den seltensten Fällen zu Verlusten kommt. Ausnahmen bestätigen jedoch auch hier die Regel.

Zusammensetzung eines Paares

Zusammenführen eines Paares kann auf verschiedene Weise geschehen. Bei einigen Arten sind die Männchen recht »sensibel«: bereits kleine Störungen bewirken den sofortigen Abbruch des Werbeverhaltens. Beobachten konnte ich das bei fast allen nicht-amerikanischen und -aggressiven Arten der Gattungen *Poecilothera, Ceratogyrus, Harpactira, Pterinochilus* und *Hysterocrates*, außerdem bei einigen amerikanischen Arten der Gattungen *Aphonopelma, Brachypelma, Crypsidromus* und *Acanthoscurria*. Bei solchen Tieren geht man am besten so vor, daß man das Weibchen in den Behälter des balzenden Männchens setzt. Das muß aber besonders ruhig und vorsichtig geschehen.

Bei wenig empfindlichen Tieren, wie zum Beispiel *Brachypelma albopilosum, B. vagans* und *Grammostola*-Arten, kann man beide Partner aus dem Behälter herausnehmen und zur Verpaarung zusammensetzen.

Schwierig zur Kopula zu bringen sind Vogelspinnenarten, bei denen beide Geschlechter sehr aggresiv reagieren. Zu ihnen zählen alle Arten der Gattungen *Melopoeus* und *Selenocosmia*. Diese Tiere reagieren bei der geringsten Störung äußerst sensibel. Keines der Partnertiere ist dazu geeignet, aus dem Terrarium genommen und direkt dem Geschlechtspartner zugeführt zu werden. Hier hat es sich bewährt, ein Paar in einem Terrarium gemeinsam zu halten und nur durch ein Drahtgitter zu trennen. Beobachtet man, daß sich die Spinnen während der Nacht anbalzen, entfernt man das Gitter sehr vorsichtig.

Um eine gegenseitige Verletzung der Partnertiere zu verhindern, bewaffnet sich der Spinnenpfleger mit einem Holz – oder noch besser – mit einem Glasstab aus dem Laborbedarf. Kommt es zwischen den Tieren zu einer Beißerei, steckt man den Stab zwischen die Cheliceren des Weibchens und bringt die Tiere damit auf Distanz. Doch ist hierbei Vorsicht angeraten. Einige dieser Spinnenarten *(Melopoeus, Ceratogyrus)* können bei ihrer Flucht äußerst schnell den entgegengehaltenen Stab hinaufklettern.

Um sich vor Bissen in die Hand oder den Arm zu schützen, reibt man den Glasstab vor der Verpaarung ganz dünn mit Glyzerin (aus der Apotheke) ein. Jetzt können die Spinnen nicht mehr an der Glasoberfläche haften und rutschen ab.

Die Daten über Balzzeiten, Spermanetzbau, Kopulationen, Eiablage usw. werden genau notiert. Während der Paarung beobachtet man die Spinnen ständig. Störende Einflüsse auf die Tiere sollte man schon vorher beseitigen.

Nach einer erfolgreichen Kopulation, bei der das Männchen mehrmals seine Bulbenenden in die Receptacula seminis des Weibchens eingeführt hat, setzt man die Tiere wieder in ihre gewohnten Behälter zurück.

Gesunde, kräftige Männchen bauen dann innerhalb einer Woche ein neues Spermanetz. Danach kann man sie wieder für neue Verpaarungen nutzen.

Beobachtet man einige Zeit (sechs bis acht Wochen) nach der Kopulation eine ungewöhnliche Grabetätigkeit der erdbewohnenden Vogelspinnenweibchen, kann man sich auf eine bevorstehende Eiablage freuen. Der Behälter sollte (wenn er beleuchtet ist) abgedunkelt werden. Während der Kokonherstellung sind die Weibchen äußerst sensibel. Sie dürfen auf keinen Fall gestört werden; sonst wird die Eiablage unterbrochen oder verläuft fehlerhaft.

Die Zeitigung des Kokons

Bei der natürlichen Zucht bleibt der Kokon im Behälter unter der Obhut des Weibchens. Es beschützt ihn und sorgt durch regelmäßigen Ortswechsel innerhalb des Terrariums für seine Klimaregulation. Diese Methode birgt aber einige Risiken. So können Kleinlebewesen, wie Milben und Springschwänze, die immer in einem eingefahrenen Terrarium leben, in den Kokon eindringen und dort die Eier zerstören. Auch frisch geschlüpfte Heimchen können die Kokons beschädigen. Werden die kokontragenden Weibchen zu oft gestört, führen sie die Pflege der Eier nicht mehr durch. Bei allzu großen Temperaturschwankungen wird die Entwicklung der Eier sehr lange hinausgezögert. Die Spinnen neigen dann dazu, den Kokon zu verzehren.

Gefahrloser, aber auch arbeitsintensiver ist die Aufzucht unter künstlichen Bedingungen. Der Kokon wird dem Weibchen weggenommen und in einen separaten Behälter gebracht. Die Temperatur darin hält man durch einen Thermostaten Tag und Nacht konstant. Wichtig ist, daß der Kokon nicht mit Kondenswasser in Berührung kommt, da sonst die Eier verpilzen. Feuchte Erde im Zeitigungsbehälter gewährleistet eine ständig erhöhte Luftfeuchtigkeit. Ein schräg liegender Deckel läßt das Kondeswasser ablaufen und nicht auf den Kokon tropfen. Während der Zeitigungsdauer muß man den Kokon regelmäßig wenden, weil sonst die unteren Eier oder die Nymphen zu sehr gedrückt werden. Der Kokon kann mit ein oder zwei dünnen Nadeln an ein Stück Holz gehängt oder auf ein kleines Kunststoffgitter gelegt werden. Mit dem Substrat darf er aber nicht in Berührung kommen.

Besonders gut läßt sich die Entwicklung der Eier bei der dritten Zeitigungsmethode beobachten. Man öffnet den Kokon vorsichtig mit einer scharfen Schere. Zuvor hat man einige Petrischalen aus Glas (Laborbedarf) sterilisiert (Elektroherd, eine Stunde bei 200 °C, kein Desinfektionsmittel!) und mit Verbandszellulose ausgepolstert. Einige Tropfen Wasser feuchten die Zellulose an. Die Petrischalen werden kurz geöffnet und einige Eier direkt aus dem Kokon eingefüllt. 50 bis 100 Eier in Schalen von 10 cm Durchmesser genügen. Die

Abbildung 55. Dieses Jungtier einer Phampho-
beteus-Art ist noch sehr schön gefärbt. Nach der
sechsten Häutung wird das Tier allmählich nur
noch dunkelbraun aussehen.

Petrischalen stellt man in einen völlig ab-
gedunkelten Behälter bei konstanter Temperatur. Sehr gut lassen sich bei regelmäßigen Kontrollen abgestorbene und verpilzte
Eier mit einer Pinzette entfernen.

Bei der Zucht von Vogelspinnen bevor-
zuge ich die zuerst genannte Zeitigungsmethode. Erst wenn sich die Mutterspinne
anormal verhält und den Kokon nicht

mehr versorgt, gehe ich zu der Petrischa-
len-Methode über.

Zur Kontrolle des Zustandes der Eier
oder Nymphen innerhalb des Kokons
macht man mit einer feinen Schere einen
kleinen Schnitt durch die Umhüllung. Mit
zwei Pinzetten zieht man das entstandene
Loch an den Längsseiten auseinander.
Jetzt ist der Inhalt des Kokons sichtbar.

Nach der Kontrolle hält man die Längsseiten der Öffnung mit einer flachen Pinzette zu. Eine zweite Person schließt die Öffnung durch Zuschnüren mit einem dünnen Faden (Nähgarn). Nach dieser Prozedur kann man den Kokon dem Spinnenweibchen wieder zurückgeben.

Sobald die Jungspinnen nach der ersten Häutung außerhalb des Kokons Nahrung aufnehmen, werden sie einzeln in kleine Kunststoffbehälter mit einer Füllung aus Torf oder Blumenerde gesetzt. Feuchte Watte oder ähnliches Material ist weniger geeignet, da sie schnell verschmutzt und dann übel riecht.

Erstes Futter bilden die Jungstadien von Heimchen und Grillen und erwachsene *Drosophila*. Für kleinste Jungspinnen muß man Springschwänze züchten. Jungspinnen von *Metriopelma*-Arten ziehen sich manchmal sogar vor *Drosophila melanogaster* zurück!

Erwerb von Vogelspinnen

Der erste Weg zum Kauf einer Vogelspinne ist normalerweise der Gang zum Zoofachhändler. Dort findet man heute eine stattliche Auswahl verschiedener Spinnenarten.

Oft sind die importierten Spinnen in sehr schlechter Verfassung, denn der Transport verläuft über mehrere Stationen, so daß die Tiere manchmal bis zu drei Monate hungern und dürsten. Sterben solche Exemplare auf dem Versandweg nicht, gehen sie oft nach einiger Zeit beim Händler ein.

Ob Vogelspinnen gesund sind, erkennt man recht einfach:

- Sie müssen sich bei einer Belästigung zur Wehr setzen.
- Tiere mit einem sehr kleinen oder faltigen Abdomen müssen eine angebotene Grille sofort erbeuten.
- Die Gliedmaßen dürfen nicht gekrümmt oder gar unter den Vorderkörper geschlagen sein.
- Extrem große Exemplare sind meist sehr alte Weibchen; für den Anfänger problemloser sind mittelgroße Tiere einer Art.
- Aus den Gelenkhäuten darf bei der Bewegung der Spinnen keine Flüssigkeit austreten; dies ist ein Zeichen einer zu langen und zu trockenen Haltung während des Transportes: solche Tiere sind kaum zu retten.
- Chelizerenklauen dürfen nicht lose herunterhängen.
- Das Abdomen muß symmetrisch geformt sein; Pusteln, Flecken oder Blasen dürfen nicht vorhanden sein.
- Fehlen bei kleineren oder mittelgroßen Tieren Beine, ist das weniger tragisch.

Wer sich bereits länger mit der Pflege von Vogelspinnen beschäftigt oder vielleicht sogar schon welche nachgezogen hat, fin det immer mehr Kontakt zu anderen Spinnenhaltern. Man kann dann seine Nachzuchten gegen die anderer Züchter tauschen. Das ist eigentlich das Interessanteste an der Beschäftigung mit Vogelspinnen, denn nach einiger Zeit kann man auf diese Weise ohne große Mühe an eine Vielzahl verschiedener Arten gelangen.

Bereits heute wird eine beachtliche Zahl von Vogelspinnenarten regelmäßig nachgezüchtet, so daß man auf weitere Importe von Wildfängen verzichten kann. Regelmäßig gezüchtete Vogelspinnen sind unter anderen:

Avicularia metallica
Brachypelma albopilosa
Brachypelma vaganz
Psalmopoeus cambridgei
Phrixotrichus roseus
seltener:
Theraphosa leblondi
Avicularia avicularia
Metriopelma-Arten
Selenocosmia-Arten
Ceratogyrus-Arten
Harpactira-Arten.

Die Verlockung, erwachsene Vogelspinnen zu besitzen, ist sicher groß; doch auch Nachzuchtspinnen wachsen schnell und kosten nur einen Bruchteil dessen, was man für erwachsene Exemplare bezahlen muß.

Wer Nachzuchttiere von privaten Liebhabern oder Instituten bekommen kann, braucht sich über den Gesundheitszustand dieser Tiere im allgemeinen keine Sorgen zu machen.

Der Traum eines jeden Vogelspinnenliebhabers ist wohl eine Reise in die Herkunftsländer seiner Tiere, denn dort kann man die Lebensräume der einzelnen Arten kennenlernen und sich den gewünschten »Eigenbedarf« vielleicht sogar selber fangen. Allerdings erfordert das Auffinden der Biotope sehr viel Erfahrung. Nicht selten wird man mit leeren Händen zurückkommen. Vor Überraschungen ist man nie sicher: So suchten einige Liebhaber in Costa Rica nach *Aphonopelma seemanni*. In naturbelassenen Gebieten waren die Tiere kaum zu finden. Um so erstaunter waren die Spinnenfreunde, als sie unweit ihres Hotels auf einer Schafweide mit Hanglage Dutzende von Wohnlöchern dieser Art entdeckten. Und nur in solchen Biotopen war *Aphonopelma seemanni* auch in anderen Gebieten zu finden!

Die Fangmethoden werden immer ausgeklügelter: Wurden anfangs die Tiere einfach ausgegraben, macht man sich heute ihr Verhalten und ihre Lebensweisen zunutze. Viele Arten besitzen eine ausgesprochene Scheu vor Wasser. Läßt man nun ganz vorsichtig Wasser seitlich in die Wohnröhre fließen, wird es nicht lange dauern, bis die Spinne zum Vorschein kommt. Mit einem langen, festen Stück Holz versperrt man ihr dann den Rückweg. Was hier so einfach klingt, erfordert aber viel Erfahrung und Fingerspitzengefühl.

Bei aggressiven Arten macht man sich die Beißlust der Tiere zunutze: Ein langes Stück Draht, dessen Ende zu einer Schlinge von 1 – 2 cm Durchmesser gebogen ist, wird an dieser Stelle mit einer dicken Kugel (2 cm Durchmesser) aus Paraffin (Kerzenwachs) überzogen. Mit diesem Werkzeug fährt man ganz vorsichtig in die Wohnröhre der Spinne. In der Regel wird die »wütende« Spinne in die Wachskugel hineinbeißen. Ähnlich wie beim Angeln muß man jetzt den Draht ständig unter Zug halten. Die Spinne kann ihre Chelizeren in kurzer Zeit nicht aus der Kugel befreien. So befördert man das Tier zügig aus seiner Röhre. Die Methode funktioniert selbstverständlich nur bei relativ geraden und kurzen Höhlensystemen.

Vorsorge gegen Unfälle

Obwohl also von den Vogelspinnen im allgemeinen keine unmittelbare Gefahr ausgeht, sollte man niemals die nötige Vorsicht beim Umgang mit diesen Tieren vergessen.
Daher einige Ratschläge:
- Kleinkinder dürfen nicht unbeaufsichtigt im Terrarienzimmer bleiben
- Terrarien müssen ausbruchsicher und eventuell abschließbar sein
- die Terrarien und Regale müssen stabil gebaut und gegen Verrutschen gesichert sein

- Elektrische Anlagen, wie Heizung und Beleuchtung müssen den VDA- und GS-Normen (Geprüfte Sicherheit) entsprechen
- Vorsicht vor den Brennhaaren der vielen amerikanischen Bombardierspinnen; besonders auf der Haut von Kleinkindern können sie böse Entzündungen hervorrufen!
- nach jeder Berührung der Spinnen und ihrer Futtertiere Hände waschen!

Zähmung, Dressur und »Gehorsam« von Vogelspinnen

Um sich ernsthaft und auch erfolgreich mit Vogelspinnen beschäftigen zu können, braucht man neben viel Einfühlungsvermögen Geduld, unendlich viel Geduld. Vorgänge, die bei anderen Terrarientieren in kurzer Zeit ablaufen, erfordern bei Vogelspinnen mitunter ein ganzes Jahrzehnt! Daher sollten Spinnenpfleger unbedingt Ausdauer besitzen.

Niemals dürfen Sensationslust oder Geltungsbedürfnis dazu verleiten, Vogelspinnen anzuschaffen. Wer sich lediglich mit einem »Hauch von Exotik« umgeben möchte, hat in unserer Liebhaberei nichts verloren.

Selbst in jüngeren Veröffentlichungen findet man die Behauptung, daß sich Vogelspinnen leicht zähmen lassen. Das ist ein Irrtum! Vogelspinnen sind wie alle an-

Abbildung 56. Trotz aller Vorsicht können Unfälle geschehen. Die Bißwunde, verursacht
durch Poecilotheria subfusca, schmerzte etwa
zwei Stunden.

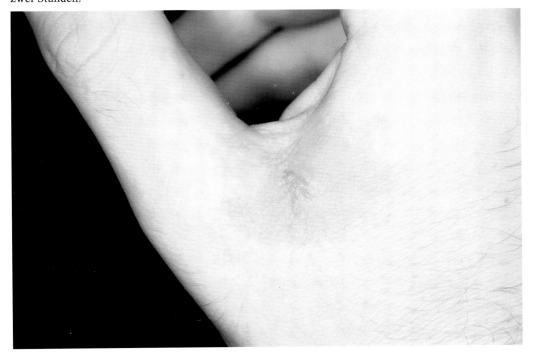

deren Spinnenarten absolut nicht befähigt,
mit dem Menschen in irgendeiner Weise zu
kommunizieren! Sie leben in einer für uns
nicht begreifbaren Sinneswelt. Bei einer
Berührung mit einem Menschen reagieren
sie nicht anders als bei anderen Belästigun-
gen – sie verteidigen sich, oder sie fliehen.
Dabei haben die einzelnen Gattungen und
Arten charakteristische Verteidigungsstra-
tegien entwickelt: Will man zum Beispiel
Avicularia metallica von ihrer Unterlage
lösen, dann klammert sich das Tier fest und
reckt den zugreifenden Fingern ihr Abdo-

men entgegen. Ein Laie könnte dabei den
Eindruck gewinnen, das Tier sei zutraulich
und wolle am Hinterleib »gekrault« werden. Betrachtet man aber die mit dem Abdomen in Berührung gekommene Haut-
stelle seiner Finger unter einer Lupe, dann
stellt man fest, daß die Haut mit Hunder-
ten von Abdominalhaaren gespickt ist – eine reine Verteidigungsmaßnahme!

Schwache und falsch gepflegte Arten
zeigen nicht ihr gesamtes Repertoir des
Verteidigungsverhaltens. Auch dieser Um-
stand wird oft als »Zahmheit« der Spinne

aufgefaßt. Ist die falsche Annahme der Zähmbarkeit von Vogelspinnen noch zu entschuldigen, so sind Behauptungen über Gehorsamkeit und Dressierbarkeit einfach lächerlich. Ich warne dringend davor anzunehmen, Vogelspinnen könnten in irgendeiner Weise Bindungen oder gar Sympathien zu ihren Pflegern knüpfen! Die Vermenschlichung von Haustieren mit all ihren perversen Auswüchsen hat schon genug Leid über viele Tierarten gebracht.

Über die Giftigkeit der Vogelspinnen ist schon sehr viel spekuliert worden. Dabei gibt es genug wissenschaftliche Arbeiten, die eindeutig beweisen, daß keine bisher bekannte Vogelspinnenart in der Lage ist, einem Menschen wirklich gefährlich zu werden. Das hat zwei Gründe: Vogelspinnen sind sehr urtümliche Spinnen. Während sie sich seit ihrer Evolution kaum verändert haben, spezialisierten sich andere Spinnenformen zu den vielen heute lebenden Arten. Bei einigen entwickelten sich dabei die Giftdrüsen derart stark, daß ihre Vorratsbehälter noch weit unter den Kopfteil des Cephalothorax ragen. Die Giftdrüsen der Vogelspinnen liegen nur in den Chelizeren und sind sehr klein. Entsprechend sind die vorhandenen Giftmengen nur gering. Durch ihre gewaltige Kraft sind Vogelspinnen nicht auf eine besondere Toxizität ihres Giftes angewiesen. Sie erlegen schon seit Jahrmillionen ihre Beute allein mit der Kraft ihrer Chelizeren!

Unangenehm kann bei einem Biß die Größe der Chelizerenklauen sein: Bei einigen Arten werden sie bis zu 15 mm lang. Durch die außerhalb des Körpers stattfindende Verdauung der Spinnen sind die Chelizeren meistens mit einer großen Zahl von Bakterien besetzt. Gelangen sie in die Bißwunde, können sie dort böse Entzündungen hervorrufen. Daher ist nach einem Biß die Wunde sofort zu desinfizieren!

Häufig gepflegte Vogelspinnenarten

Die hier vorgestellten Arten stellen nur eine kleine Auswahl für die Terrarienpflege geeigneter Arten dar. Sie bilden aber einen repräsentativen Querschnitt der heute gepflegten Vogelspinnen.

Alle Angaben über die Spinnengrößen beziehen sich auf den Abstand von dem Chelizerenansatz bis zum Ansatz der Spinnwarzen, also die reine Körperlänge. Wenn nicht anders angegeben, beziehen sich Farbbeschreibungen auf frisch gehäutete Tiere.

Die deutschen Bezeichnungen einzelner Arten wechseln ständig und sind oft nichtssagend. Der Spinnenliebhaber sollte sich von Anfang an die wissenschaftlichen Namen der Tiere einprägen. Dennoch gebe ich die bekanntesten deutschen Bezeichnungen an.

Die Auswahl der beschriebenen Tiere läßt eine Bestimmung anhand der Farbbilder zu. Selbstverständlich gibt es Dutzende von Arten, die sich sehr ähnlich sehen. Ihre Bestimmung kann man nur durch die Untersuchung der Geschlechtsorgane und anderer Körperteile vornehmen. Die wissenschaftliche Bestimmung ist aber nicht die Aufgabe dieses Buches.

Angaben der Terrariengröße erfolgen in cm (Länge × Breite × Höhe).

Bei der Niederschrift des Manuskriptes wurden die z. Z. gültigen wissenschaftlichen Bezeichnungen der Arten verwendet. Es können aber jederzeit Umbenennungen ganzer Gattungen erfolgen.

Amerikanische Arten

Acanthoscurria gigantea CHAMBERLIN, 1939
Ecuador-Vogelspinne

Verbreitung: Ecuador
Maximale Größe: 11 cm
Beschreibung: *Acanthoscurria gigantea* ist eine sehr langgliedrige, bodenbewohnende Vogelspinne aus der Unterfamilie der Theraphosinae. Das gesamte Tier ist tiefschwarz. Die Behaarung ist nicht sonderlich stark ausgebildet; dennoch besitzt die Art eine abstreifbare Abdominalbehaarung zur Verteidigung. Die längeren Hinterleibshaare können leicht rötlich gefärbt sein. Bereits mehrere Monate vor der nächsten Häutung nimmt *A. gigantea* eine stark rostrote Färbung an, so daß man glaubt, verschiedene Arten zu sehen. Aggressive Bombardierspinne!
Haltung: Terrarium: 30 × 20 × 20 cm oder größer. Bodengrund etwa 6–10 cm Lauberde oder Torf-Sand-Gemisch. Karge Einrichtung mit halbiertem Blumentopf als Unterschlupf. Bepflanzung mit *Philodendron* oder *Scindapsus*.

Da *A. gigantea* aus den hochgelegenen Gebieten Ecuadors stammt, dürfen die Temperaturen längere Zeit nicht über 25 °C steigen. Meine Tiere halten sich bereits im sechsten Jahr bei Temperaturen von tagsüber 20 bis 22 °C und nachts 15 bis 18 °C. Wichtig ist, daß man nur absolut

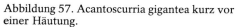

Abbildung 57. Acantoscurria gigantea kurz vor einer Häutung.

einwandfreie Exemplare dieser Art erwirbt!

Luftfeuchtigkeit: 70 bis 80%. Der Bodengrund soll ständig sehr feucht gehalten werden. Die Zucht von *A. gigantea* ist bisher nicht gelungen.

Verhalten: *Acanthoscurria gigantea* besitzt ein sehr interessantes Abwehrverhalten. Wird sie belästigt, schnellt sie auf allen acht Beinen ihren Körper in die Luft. Sie verbleibt in dieser Position mehrere Minuten. Wird sie weiter belästigt, dreht sie dem Angreifer ihren Hinterleib entgegen und streift mit den Hinterbeinen ihre Abdominalbehaarung ab. Nicht selten kommt es vor, daß sie in dieser Position dem Störenfried auch einen gezielten Schuß Kotflüssigkeit entgegenfeuert.

Abbildung 58. Acantoscurria gigantea ist nach
einer Häutung wieder tiefschwarz.

Im Terrarium zeigt sich die Art selbst in
der Nacht manchmal wochenlang nicht.
Aufgrund ihres sensiblen Wesens und der
speziellen Haltungsbedingungen eignet
sich *A. gigantea* nicht für den Anfänger!

A. gigantea wird nur selten importiert.

Aphonopelma chalcodes CHAMBERLIN, 1939
Kein deutscher Name
Verbreitung: Arizona
Maximale Größe: 9 cm
Beschreibung: Besitzt nicht die für viele
Vogelspinnen typisch dunkel-schwarze
Grundfärbung. Beine und Carapax sind
hellbraun bis beige, und das Abdomen ist
dunkelbraun mit längeren hellbraunen

Abbildung 59. Aphonopelma chalcodes.

Haaren. Typisch für diese Gattung ist der stark nach oben gewölbte Carapax. Die Cheliceren sind sehr kräftig ausgebildet, und die kurzen, relativ dicken Beine weisen die Art als grabende Vogelspinne aus. *Aphonopelma chalcodes* ist eine Bombardierspinne, die sich aber nur selten ihrer Brennhaare bedient. Leicht aggressiv und bissig.

Haltung: Terrarium: mindestens 20 × 30 × 20 cm. Bodengrund aus einem Torf-Sand-Gemisch mit einem höheren Sandanteil, etwa 7–10 cm tief, trocken. Flache Rindenstücke als Versteck. Bepflanzung kaum möglich, da *A. chalcodes* eine stark grabende Art ist. Eine Möglichkeit wären sukkulente Pflanzen ohne Stacheln.

Abbildung 60 (oben). Aphonopelma seemanni, Weibchen.
Abbildung 61 (unten). Aphonopelma seemanni, Männchen.

Temperaturen: 27 bis 29 °C tagsüber, stellenweise etwas kühler. Nachts darf die Temperatur auf 20 bis 18 °C absinken. Luftfeuchtigkeit: 60 bis 70 %.

Beleuchtung durch eine Leuchtstofflampe empfehlenswert. Sehr wichtig ist bei Trockenterrarien die ständige Anwesenheit eines mit frischem Wasser gefüllten Trinkbehälters, da *A. chalcodes* oft und viel trinkt.

Verhalten: *Aphonopelma chalcodes* ist eine aggressive Art, die sich nicht scheut, bei Belästigung zuzubeißen. Im Terrarium bereitet sie kaum Schwierigkeiten. *Aphonopelma chalcodes* frißt sehr viel, so daß der Hinterleib in kürzester Zeit sehr stark anschwillt. Ganz besonders wichtig ist es dann, daß die Tiere nicht mit spitzen Gegenständen in Berührung kommen oder durch unsachgemäßes Hantieren fallen. Sehr langsam wachsende Art.

Zucht: Da *A. chalcodes* nur in geringen Stückzahlen importiert wird, sollte man sich rechtzeitig eine vernünftige Zuchtgruppe beschaffen. Erwachsene männliche Importtiere sind sehr selten. Die Zucht ist bisher nicht gelungen.

Aphonopelma seemanni CAMBRIDGE, 1897
Gestreifte Guatemala-Vogelspinne

Verbreitung: Panama, Costa Rica, Honduras bis Guatemala
Maximale Größe: 8 cm

Beschreibung: Sehr attraktive, zur Zeit häufig importierte, kräftig gebaute, aggressive Art. Abdomen schwarz, mit langer rötlicher Behaarung. Abdominalunterseite rotorange, Spinnwarzen ebenfalls rot. Carapax dunkel bleigrau. Beine ebenfalls bleigrau, mit rötlichen langen Haaren. Taster und die ersten beiden Beinpaare mit auf den Patellen zwei parallelen, längs verlaufenden weißen Streifen. Die Breite dieser Streifen variiert stark je nach Fundort und Population. Die Streifenzeichnung auf den Patellen der hinteren Beinpaare verläuft leicht diagonal. An den Gelenken befinden sich weiße Ringe.

Tibien mit zwei langen, weißen Streifen. Der Metatarsus besitzt im oberen Drittel nur einen weißen Strich.

Die Farben verblassen mit dem Näherrücken einer Häutung. Zum Teil sind die Tiere vor der Häutung nur einfarbig braun ohne jegliche Streifenzeichnung.

Geschlechtsdimorphismus: Die Männchen sind tiefschwarz mit goldfarbenem Carapax, ohne Streifen und mit undeutlich weißen Ringen an den Gelenken.

Obwohl *A. seemanni* Abdominalbrennhaare besitzt, verteidigt sie sich eher mit den Chelizeren.

Haltung: Anspruchslos in Bezug auf die Terrarieneinrichtung. Eine dicke Bodenschicht aus fester Rasenerde entspricht bei dieser röhrenbewohnenden Spinne auch dem Lebensraum in der Natur. In Costa Rica haben sich einige Populationen auch in Kulturlandschaften verbreitet. Dort bevorzugen sie sehr kurzgefressene Grasmatten, mitunter findet man sie sogar auf Schafweiden. Diese Trockenwiesen haben meist eine Hanglage und sind stets von der Sonne beschienen. Die Populationsdichte ist manchmal recht hoch (ein bis drei Tiere auf zwei Quadratmetern). Tagsüber halten sich die Tiere in selbstgegrabenen Wohnröhren auf. Die Eingangslöcher sind gut zu erkennen. Nachts sitzen sie am Wohnungseingang und lauern auf Beute, in der Natur meist Heuschrecken.

Größe des Behälters: ab 40 × 30 × 20 cm. Tagestemperaturen: 25–27 °C, nachts 23 °C. Luftfeuchtigkeit: etwa 70–80 %. Gierige Fresser.

Zucht: Die kontinuierliche Zucht dieser sehr hübschen Art ist äußerst schwierig. Die Tiere reagieren sehr nervös und zeigen sich, ihrer gewohnten Umgebung entnommen, untereinander sehr angriffslustig. Obwohl meine Männchen regelmäßig Spermanetze bauen, greifen sie ihre größeren weiblichen Partner häufig an, ohne daß es zur Kopulation kommt.

Empfehlung: Beim Umgang mit dieser sehr flinken Art ist Vorsicht geboten. Die Tiere können ohne Vorwarnung plötzlich zubeißen. Einmal im Terrarium eingewöhnt, erweisen sie sich als gut haltbare Pfleglinge. Dem etwas erfahrenen Spinnenpfleger ist die Art durchaus zu empfehlen. Hauptaufgabe sollte auch hier die regelmäßige Nachzucht werden. Wie bei allen besonders bunten oder interessant gezeichneten Tieren besteht die Gefahr des Überfangens, das manche Populationen auf lange Sicht schädigen könnte. Stark dezimierte Bestände erholen sich oft erst nach 15–20 Jahren!

Abbildung 62. Je nach Fundort variiert Aphonopelma seemanni sehr stark in der Färbung.

Abbildung 63. Avicularia metallica.

Avicularia metallica Ausserer, 1875
Rotfußvogelspinne

Verbreitung: Mittelamerika bis Ecuador
Maximale Größe: 8 cm
Beschreibung: *Avicularia metallica* ist eine schlanke, mittelgroße Art, die sich durch sehr kräftige Haftpolster an Tarsus und Metatarsus als eine kletternde, baumbewohnende Spinne auszeichnet.

Der Name Rotfußvogelspinne bezieht sich auf die rosa bis leuchtendrot gefärbten Tarsenenden, die sich besonders bei der Fortbewegung des Tieres zeigen. Grundfarbe ist ein tiefes Schwarz, mit zum Teil einzelnen längeren Haaren, die an ihrer Spitze grau bis weiß sind. Frisch gehäutet glänzen die Spinnen metallisch blauschwarz (Wiss. Artname); ebenso zeigen die Haftpolster der Beine ein durch Lichtbrechung hervorgerufenes Farbspiel in allen Regenbogenfarben.

Abbildung 64. Bis etwa zur fünften Häutung
sieht Avicularia metallica äußerst hübsch aus.

Haltung: Terrarium: höher als lang (ab 20 × 20 × 30 cm). Reichlich Klettermöglichkeiten durch Rindenstücke (an die Seiten- und Rückwand mit Silikon auf Acetatbasis kleben) und Rebstöcke oder Obstgehölze. Bepflanzung mit *Ficus repens* und *Scindapsus*. Bodengrund: normale Blumenerde. Die Belüftung des Terrariums ist so zu reduzieren, daß eine Luftfeuchtigkeit von 70–80% gewährleistet ist.

Temperaturen: tagsüber 25–28 °C, lokal bis 30 °C, nachts 20–25 °C.

Avicularia metallica liebt es, sich tagsüber in den Wirkungsbereich direkter Licht- und Wärmequellen zu begeben, um sich dort aufzuwärmen. So kommt es zuweilen vor, daß sie ihre Wohngespinste direkt um eine Leuchtstofflampe herumbaut – so entsteht eine Wohnung mit Zentralheizung.

Zucht: *Avicularia metallica* ist meiner Meinung nach die einzige Vogelspinnenart, die zu einer Vergesellschaftung bedingt geeignet ist. Voraussetzungen dafür sind aber die Haltung geschlechtsreifer Paare, die schon vor dem Zusammensetzen gut gefüttert wurden. Ein solches Paar harmoniert dann bis zu einem halben Jahr in dem Behälter. Während dieser Zeit kommt es zu mehreren Kopulationen. Spätestens nach zehn bis zwölf Monaten wird das Männchen langsam altersschwach, Gliedmaßen und Taster können absterben. Das Männchen ist nun nicht mehr in der Lage, seine artspezifischen Si-

Abbildung 65. Bis etwa zur fünften Häutung sieht Avicularia metallica äußerst hübsch aus.

gnale an das Weibchen abzugeben. Oft findet man dann das Männchen eines Tages nur noch in Form eines Futterknäuels zwischen den Cheliceren des Weibchens.

Will man ein Männchen mit mehreren Weibchen zur Kopulation bringen, verfährt man nach der im allgemeinen Teil beschriebenen Weise. Paarungswillige Weibchen nehmen aktiv am Paarungs- und Werbungsvorspiel teil, indem sie sich dem Männchen mit Klopf-Trommelzeichen nähern und anbieten. Die eigentliche Kopulation läuft immer ohne aggressive Handlungen des Weibchens ab. *Avicularia metallica* wird regelmäßig nachgezüchtet. Sechs bis zehn Wochen nach der Kopulation baut das Weibchen innerhalb seines Wohngespinstes einen Kokon, der bis zu 200 Eier enthält. Bei 27 °C Zeitigungstemperatur schlüpfen die jungen Spinnen nach etwa neun Wochen. Die Aufzucht der Jungspinnen bereitet keine Schwierigkeiten. Männliche *A. metallica* sind bereits nach der achten Häutung geschlechtsreif.

Empfehlung: *Avicalaria metallica* ist eine wunderschöne und interessante Art. Gute Pflege und Unterkunft dankt sie uns mit langer Lebensdauer und einem für Vogelspinnen lebhaften Verhalten. Im Terrarium baut sie in kurzer Zeit eine große zusammenhängende Wohnröhre, aus der sie auch tagsüber schon einmal hervor kommt. Häutung, Nahrungsaufnahme und Eiablage finden aber in der Wohnröhre statt.

Avicularia metallica gehört zu den am wenigsten aggressiven Vogelspinnenarten. Man kann die Tiere jederzeit ohne Gefahr berühren. Die einzige Schutzmaßnahme der Spinne besteht darin, daß sie dem »Angreifer« ihren Hinterleib entgegenstreckt. Bei der Berührung brechen die winzigen Abdominalhaare ab und dringen in die Haut ein.

Avicularia versicolor Wakkenaer, 1837
Kein deutscher Name

Verbreitung: Martinique
Maximale Größe: 6 cm
Beschreibung: Wunderschöne baumbewohnende Vogelspinne der Unterfamilie Avicularinae. Habitus ähnlich wie der von *A. metallica*. Färbung der adulten Tiere: tiefschwarz, ohne die rot gefärbten Tarsenenden von *A. metallica*. Lange rosarote Haare über den gesamten Körper. Sehr schön sind die Jungtiere dieser Art. Bis zur fünften oder sechsten Häutung besitzen sie eine leuchtend blaue Färbung. Sehr schnelle, geschickt kletternde Art.

Haltung: *Avicularia versicolor* stellt an die Terrariengröße, -einrichtung und die Temperaturen ähnliche Ansprüche wie *A. metallica*.

Damit man die Tiere beobachten kann, sollte man ihnen nicht zu viele Versteckmöglichkeiten anbieten, weil sie sonst eine sehr versteckte Lebensweise führen. Leider wird *A. versicolor* nur sehr selten importiert, so daß sie in der Bundesrepublik bisher nicht nachgezogen werden konnte. Sonst ist *A. versicolor* eine recht haltbare und ansprechende Art, die auch für den Anfänger geeignet ist.

Abbildung 66. Avicularia versicolor, Jungtier.

Abbildung 67. Leider verblaßt die Farbe von
Avicularia versicolor mit zunehmendem Alter
des Tieres, wird aber durch eine ebenfalls sehr
schöne Grundfärbung von braun bis rosa ersetzt.

Abbildung 68. Brachypelma albopilosa.

Brachypelma albopilosa VALERIO, 1980
Kraushaarvogelspinne

Verbreitung: Honduras bis Panama
Maximale Größe: 8 cm
Beschreibung: *Brachypelma albopilosa* besitzt – wie alle *Brachypelma*-Arten – eine samtschwarze Grundfärbung. Die dicht sitzenden längeren Haare sind hellbraun und enden in einer leicht gekrümmten Spitze. Das verleiht dieser Spinne ein struppiges

Aussehen. Besonders auffällig ist das bei frisch gehäuteten Tieren. Bombardierspinne!
Haltung: Terrarium: mindestens 20 × 30 × 20 cm. Bodengrund Torf oder Blumenerde in einer 5 cm tiefen Schicht, immer leicht feucht.

Bepflanzung mit *Scindapsus* oder *Philodendron scandens* möglich, dann aber Beleuchtung durch Leuchtstofflampe. *Brachypelma albopilosa* baut sich oberflächliche Wohnhöhlen in den lockeren Bodengrund. Temperaturen: tagsüber 25–27 °C, nachts nicht unter 18 °C. Luftfeuchtigkeit: 70–85 %.

Zucht: *Brachypelma albopilosa* ist zur Zeit eine der am häufigsten in die Bundesrepublik importierten Vogelspinnenarten. Das ist eigentlich verwunderlich, da man die Art leicht nachzüchten kann und der Bedarf durch Nachzuchttiere gedeckt werden könnte.

Mit der Zucht von *B. albopilosa* wartet man am besten, bis sich ein ausgewachsenes Weibchen gehäutet hat. Zwei bis vier Wochen nach dieser Häutung setzt man dann das Paar zur Kopulation zusammen. Bei unbegatteten Weibchen ist die Kopulation unproblematisch. Das anfangs etwas widerspenstige Weibchen fällt bald in die Kopulationsstellung. Sechs bis zehn Wochen nach der Kopula baut das Weibchen eine geräumige Wohnhöhle zur Eiablage. Der Kokon enthält bis zu 500 Eier. Die Larven schlüpfen bei einer Zeitigungstemperatur von 25 °C bereits nach fünf Wochen. Nach einer Häutung der Larven setzt man die Jungspinnen einzeln und füttert anfangs mit *Drosophila*, später mit Stubenfliegen.

Die Tiere können sehr rasch wachsen und bereits nach zwei bis drei Jahren geschlechtsreif werden.

Empfehlung: *Brachypelma albopilosa* ist eine für den Anfänger bestens geeignete Vogelspinne. Ihr attraktives Aussehen macht die Art nicht nur für den unerfahrenen Spinnenpfleger, sondern auch für den Fachmann interessant. Es gibt kaum einen Pfleger, der die Art nicht in seinem Bestand hat. Es sei nochmals erwähnt, daß man nach Möglichkeit nur Nachzuchttiere erwerben sollte. Nur so können die unnötigen Massenimporte verhindert werden.

Brachypelma emilia WHITE, 1856
Orangebein-Vogelspinne

Verbreitung: Costa Rica bis Mexico
Maximale Größe: 7 cm
Beschreibung: *Brachypelma emilia*, neben *B. smithi* und *B. mesomelas* ganz oben auf den Wunschlisten der Spinnenfreunde, sieht äußerst hübsch aus. Von der Coxa bis zu den Patellen besitzt sie die für *Brachypelma* typische schwarze Grundfärbung. Tibia und Metatarsus sind leuchtendorange, der Tarsus ist schwarz.

Der Carapax ist ebenfalls orange, der Kopfteil allerdings schwarz, so daß er als schwarzes Dreieck einen erstaunlichen Kontrast zum Rest des Cephalothorax bildet. Die Abdominalbehaarung ist schwarz, mit längeren orangenen Haaren. Bombardierspinne.

Haltung: Terrarium: 30 × 20 × 20 cm oder größer, 5–10 cm Bodengrund aus Torf. Versteckmöglichkeit aus Zierkork. Wichtig ist wie bei *B. smithi*, daß die Art die Möglichkeit hat, zur Häutung eine trockene, ebene Unterlage aus Holz oder

Abbildung 69. Brachypelma emilia.

Rinde aufzusuchen. Luftfeuchtigkeit: ca. 70%. Tagestemperaturen: etwa 25–27 °C, nachts nicht unter 20 °C. Bepflanzung nicht empfehlenswert, da *B. emilia* stark gräbt. Beleuchtung durch Leuchtstoffröhre (Gro-Lux) sinnvoll.

Zucht: Hat man geschlechtsreife Tiere zur Verfügung, sollte man die Zucht unbedingt versuchen. Sechs bis acht Wochen nach der Kopula beginnt *B. emilia* in ihrem Behälter eine rege Grabtätigkeit. Innerhalb eines dichten Gespinstes baut sie dann einen kugelförmigen Kokon. Die Eizahlen variieren nach Größe und Art des Muttertieres zwischen 200 und 900! Während der Zeitigung des Kokons sollte man zur schnelleren Eientwicklung die Temperatur konstant auf rund 25 °C halten; die Jungspinnen schlüpfen dann nach etwa zehn Wochen. Nach einer weiteren Häutung nehmen sie erstmals Nahrung in Form von *Drosophila* auf. Die Jungtiere sind etwa 5 mm groß. Die Art wächst sehr langsam.

Da in der letzten Zeit anstelle der geschützten Art *B. smithi* auf *B. emilia* als Importtier ausgewichen wird, werden die Bestände in Mexico stark beansprucht. Bei einer fortschreitenden Dezimierung der Bestände sollte sich der Terrarianer nicht wundern, wenn auch diese Art auf Anhang II des WA's gestellt wird.

Brachypelma emilia sei nur Liebhabern empfohlen, die sich mit der Pflege von *Brachypelma*-Arten auskennen und sich ernsthaft um die Zucht dieser seltenen und teuren Spinnen bemühen.

Brachypelma mesomelas CAMBRIDGE, 1897
Rotbeinvogelspinne

Verbreitung: Monte-Verde-Region (Costa Rica)

Maximale Größe: 6 cm

Beschreibung: Kleine bis mittelgroße *Brachypelma*-Art. Sehr kurze Behaarung; dadurch erscheint die Art recht schlank. Nur frisch gehäutete Tiere besitzen eine vollständige Abdominalbehaarung; bei geringster Störung wird sie abgestreift.

Auffällig langgestreckter Carapax von schwarzer Grundfärbung. Abdomen schwarz. Coxa bis Femur ebenfalls schwarz. Patella, Tibia und Metatarsus tief orange, mit abnehmender Farbintensität. Tarsus schwarz.

Sehr ruhige, niemals aggressive Art. Meiner Meinung nach müßte die Gattungszugehörigkeit dieser Spinne nochmals überprüft werden. Allein der langgestreckte, für *Brachypelma* untypische Carapax ist Anlaß genug dafür. Selten importierte Bombardierspinne.

Haltung: Sehr feuchtes Terrarium mit guten Versteckmöglichkeiten, etwa ab 20 × 20 × 15 cm. Bepflanzung mit Javamoos und *Ficus repens* empfehlenswert. Bodengrund aus einer Schicht Laub (teilweise verrottet) von etwa 5 cm Dicke. Luftfeuchtigkeit: mindestens 70%. Temperaturen: um 23–25 °C genügen sowohl tagsüber als auch in der Nacht. Nicht zu kräftiges Futter anbieten! Erwachsene Heimchen reichen aus.

Abbildung 70. Brachypelma mesomelas.

Brachypelma smithi Cambridge, 1897
Mexikanische Rotbeinvogelspinne

Verbreitung: Mexiko
Maximale Größe: 8 cm
Beschreibung: *Brachypelma smithi* ist eine typische bodenbewohnende Art. Gattungstypisch sind das kompakte gedrungene Aussehen und die samtschwarze Grundfärbung. Alle *Brachypelma*-Arten sind Bombardierspinnen. Besonders die Brennhaare von *B. smithi* können zu Schwellungen im Schleimhautbereich, zu Hustenkrämpfen und zu wochenlangem Juckreiz führen. Daher ist hier besondere Vorsicht (speziell bei Kindern) beim Umgang mit den Tieren geboten.

Neben der samtschwarzen Färbung besitzt *B. smithi* viele längere Haare auf dem gesamten Körper (Ausnahme Carapax), die hellbraun bis orange gefärbt sind. Tarsus und Metatarsus sind am unteren Viertel mit einem hellbraunen Band umgeben, ebenso die Patellen, die aber oberseitig mit einem tieforangenen Fleck überdeckt sind. Der Carapax ist schwarz und besitzt eine hellbraune Randbehaarung.

Haltung: Die Pflege von *B. smithi* ist entgegen der Meinung vieler Spinnenliebhaber nicht einfach. Zwar »hält« ein falsch untergebrachtes Tier mitunter bis zu drei Jahren aus, nimmt aber irgendwann keine Nahrung mehr zu sich und verendet dann. Der erstaunte Spinnenpfleger sucht aber die Schuld nicht bei sich und besorgt sich

Zucht: Über eine regelmäßige Zucht ist bisher noch nichts bekannt, was hauptsächlich daran liegt, daß es noch keine zuchtreifen Tiere in der Bundesrepublik gibt und zumindest die Männchen noch nicht geschlechtsreif sind. Außerdem bereiten *Brachypelma mesomelas* immer wieder Schwierigkeiten in der Terrarienhaltung.

Für den Anfänger ist diese zweifellos attraktive Spinne aufgrund ihres manchmal phlegmatischen Verhaltens und ihres noch recht hohen Preises nicht unbedingt zu empfehlen.

Abbildung 71. Brachypelma smithi.

ein neues Exemplar. Darum war *B. smithi* in der Bundesrepublik lange Zeit eine der meistgekauften Spinnenarten. Allein im Jahr 1984 belief sich der Import in die Bundesrepublik auf mindestens 1000 Tiere! Mexiko exportierte in den letzten Jahren, ehe diese Art unter Schutz gestellt wurde, mindestens 10000 Rotbeinvogelspinnen. Daher wurde *B. smithi* im August 1985 von der mexikanischen Regierung auf Anhang II des WA gesetzt.

Entsprechend der Größe, die *B. smithi* erreichen kann, sollte der Behälter eine Mindestgrundfläche von 30 × 20 cm haben. Der Bodengrund aus Blumenerde wird etwa 5 cm dick in den Behälter gefüllt.

Die Erde ist leicht feucht zu halten. Luftfeuchtigkeit zwischen 70 und 80%. Temperatur tagsüber bis 27 °C, nachts nicht unter 19 °C.

Zur Häutung legt sich *B. smithi* gern auf ein flaches, schalenförmiges Stück Rinde oder Zierkork, was man bei der Einrichtung des Terrariums berücksichtigen sollte.
Zucht: Das Werbe- und Paarungsverhalten von *B. smithi* ist bereits zuvor (S. 39) beschrieben worden. Die Zucht ist nicht leicht. Die größten Schwierigkeiten liegen in der Beschaffung von Männchen und darin, daß beide Partner zur gleichen Zeit paarungswillig sein müssen.

Vier bis sechs Wochen nach der Kopulation baut das Weibchen in einem selbstgegrabenen Versteck einen Eikokon, der bis zu 1000 Eier enthalten kann. Solche Eizahlen sind aber nicht die Regel. Bei einer Zeitigungstemperatur von 25 °C schlüpfen die Jungen nach rund acht bis elf Wochen. Die sehr kleinen Larven (ca. 5 mm) häuten sich nach zwei bis drei Wochen und nehmen dann zum erstenmal Nahrung (*Drosophila*) auf.

Empfehlung: Durch die Aufnahme in Anhang II des WA ist *B. smithi* in der Bundesrepublik sehr selten geworden. Sinnvoll wäre es nun, die Restbestände zu Zuchtversuchen zusammenzustellen. Nur so kann diese schöne Spinnenart für unsere Terrarien erhalten bleiben.

Brachypelma spec.
Rotbeinvogelspinne

Verbreitung: Mexiko
Maximale Größe: 8 cm
Beschreibung: Diese Art galt lange Zeit nur als eine Farbvariante von *B. smithi*. Das ist aber keinesfalls richtig, weist diese Art doch ein völlig anderes Verhalten als *B. smithi* auf: Einerseits reagiert sie etwas empfindlicher bei Belästigung als *B. smithi*, andererseits ist sie in der Lage, deutlich hörbare Stridulationsgeräusche abzugeben – was schon darauf hindeutet, daß der Körperbau sich eindeutig von dem von *B. smithi* unterscheidet.

Brachypelma spec. ist etwas schlanker gebaut als *B. smithi*. Grundfarbe ist ein tiefes Schwarz. Die Patellen und die beiden

Abbildung 72. Brachypelma spec.

Taster tragen einen scharf abgesetzten roten Fleck auf der Oberseite. Anders als bei
B. smithi bietet er einen herrlichen Kontrast zum Schwarz der Patellenunterseite.
Jeweils am Endstück von Patella, Tibia
und Metatarsus befindet sich außerdem
noch ein weißer oder orangefarbener Ring.

Brachypelma spec. ist leider äußerst selten
im Handel. Nicht aggressive Bombardierspinne.
Haltung: Die Art wird wie *Brachypelma
smithi* gepflegt; allerdings sollte die Luftfeuchtigkeit etwas höher sein. Das Terrarium darf etwas größer als 30 × 20 × 20

Abbildung 73. Brachypelma vaganz.

cm sein, weil die Art ausgiebige Spaziergänge unternimmt.

Von einer Nachzucht ist bisher nichts
bekannt. Ein frisch importiertes Wildfangweibchen baute bei mir einen Kokon, dessen Inhalt sich leider nicht entwickelte.
Dieser Kokon enthielt fast 600 Eier.

Brachypelma vagans AUSSERER, 1875
Schwarzrote Vogelspinne

Verbreitung: Guatemala, Honduras
Maximale Größe: 8 cm
Beschreibung: Grundfarbe Samtschwarz,
Abdominalbehaarung ebenfalls tief-

schwarz mit längeren leuchtendroten Haaren. Rand des Carapax weiß bis orange. Tiere kurz vor der Häutung erscheinen braun. Sehr friedliche Bombardierspinne.
Haltung: Terrarien ab 30 × 20 × 20 cm oder größer. Bodengrund aus Torferde-Sand-Gemisch oder handelsüblicher Blumenerde, etwa 7 cm tief. Zimmertemperatur genügt dieser Art, jedoch nicht unter 17 °C. Am besten ist eine Haltungstemperatur von tagsüber 25 °C und nachts 20–22 °C. Luftfeuchtigkeit von 60–70% genügt.

Bepflanzung in größeren Behältern möglich, dann Beleuchtung mit Leuchtstofflampen.
Zucht: *Brachypelma vagans* ist bereits mehrfach nachgezüchtet worden. Das Weibchen baut bereits vier Wochen nach der Kopulation einen Kokon der mit etwa 300 Eiern gefüllt wird.

Bei einer zu hohen Luftfeuchtigkeit (ab 75%) verpilzt das Gelege zum größten Teil. Neun Wochen später schlüpfen die Jungtiere und nehmen nach weiteren 14 Tagen ihre erste Nahrung auf. Die Aufzucht der Jungtiere bereitet keine Schwierigkeiten: 70–80% Luftfeuchtigkeit und 26 °C Durchschnittstemperatur lassen die Tiere sehr schnell wachsen.
Empfehlung: *Brachypelma vagans* wird leider nur alle zwei bis vier Jahre als Importtier angeboten, so daß dann auch Männchen zur Verfügung stehen. Wer züchten will, sollte daher neben einigen erwachsenen Tieren auch kleine und kleinste Individuen erwerben. Nachzuchttiere werden allerdings relativ oft angeboten. *Brachypelma vagans* ist leicht zu halten und bereitet auch dem fortgeschrittenen Spinnenliebhaber sehr viel Freude.

Dugesiella anax CHAMBERLIN, 1939
Kein deutscher Name

Verbreitung: USA/Texas
Maximale Größe: 5 cm
Beschreibung: Kompakte, grabende Art mit kräftigen Cheliceren. Grundfarbe Schwarz oder Braun. Carapax bronzefarben mit metallischem Glanz. Beine mit längeren bronzenen Haaren. Abdomen schwarz mit langen roten (Jungtiere), bei adulten Tieren mit bronzefarbenen Haaren.

Leicht aggressive Bombardierspinne.
Haltung: Terrarium etwas größer als 30 × 20 × 20 cm. Bodengrund 7–8 cm Torf-Sand-Gemisch. Verschiedene Zierkorkstücke und Röhren als Verstecke anbieten! Bepflanzung mit *Scindapsus* empfehlenswert. Tagestemperatur: 20–23 °C, nachts nicht unter 15 °C.

Dugesiella wurde bereits mehrere Male nachgezüchtet. Bei mir wachsen zur Zeit 40 Jungtiere auf. Die Art wächst langsam, doch macht sie diesen Nachteil durch gute Haltbarkeit und interessantes Verhalten wett. Sie ist auch dem Anfänger zu empfehlen. Auf Wildfangimporte kann in Zukunft wohl verzichtet werden.

Abbildung 74. Dugesiella anax.

Abbildung 75. Ephebopus murinus.

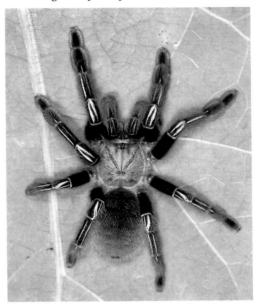

Ephebopus murinus KARSCH, 1880
Kein deutscher Name

Verbreitung: Französisch Guyana
Maximale Größe: 5 cm
Beschreibung: *Ephebopus murinus* (Unterfamilie Eumenophorinae) besitzt wie ihre Verwandte *E. violaceus* gut ausgebildete Haftpolster. Grundfarbe ist schwarz, der Carapax ist graubraun. Die Art wird leicht durch die auf Patella und Tibia vorhandenen weißen Längsstreifen mit *A. seemanni* verwechselt.

Ephebopus murinus baut im Erdreich tiefe Gänge, deren Eingang mit einem weit ausladenden Teppich verbreitet wird. Auf diesem Teppich sitzt *E. murinus* und lauert auf Beute. Bei Belästigung läuft sie blitzschnell in ihre Wohnröhre. Etwas aggressiv.

Haltung: Terrarium: ca. 20 × 30 × 20 cm oder größer, 5–10 cm Sand-Torfgemisch als Bodengrund. Eine angebotene Wohnröhre aus Zierkork wird angenommen. Luftfeuchtigkeit 60–70 %. Temperaturen: 26–28 °C tagsüber und nachts. *Ephebopus murinus* ist eine gut haltbare, auch für den Anfänger geeignete Art. Leider ist sie nur selten zu erhalten. Aus diesem Grund sollte man auch ihre Zucht versuchen.

Abbildung 76. Ephebopus violaceus.

Ephebopus violaceus MELLO-LEITAO, 1930
Kein deutscher Name

Verbreitung: Ecuador, bis 500 m Höhe
Maximale Größe: 6 cm
Beschreibung: *Ephebopus violaceus* ist eine mittelgroße, schlank gebaute Vogelspinne der Unterfamilie Eumenophorinae aus den tropischen Regenwaldgebieten Ecuadors. Gut ausgebildete Haftpolster erlauben dieser Spinne, sich auch in Bäumen und den dort wachsenden Bromelien aufzuhalten. Der goldfarbene Carapax schimmert – bei bestimmtem Lichteinfall – metallisch. Das Abdomen ist schwarz, mit sehr dichten, feinen Härchen, die ebenfalls

metallisch glänzen können. Extremitäten am Femur dunkelblau, von den Patellen bis zu den Tastern braun, mit weißlicher Streifenzeichnung. Sehr friedliche Art, die ihre Abdominalhaare nur selten zur Verteidigung nutzt.

Haltung: Terrarium (20 × 30 × 50 cm) als tropisches Kletterterrarium einrichten. Hohe Luftfeuchtigkeit bis 85%. Temperaturen zwischen 25 und 27 °C tagsüber und nachts. Reichlich Klettermöglichkeiten durch großzügige Bepflanzung; natürlich sind Bromelien. Bodengrund aus Blumenerde, etwa 5 cm hoch. Versteckmöglichkeiten durch Rindenstücke anbieten.

Zucht: Die Zucht dieser Art ist bisher mangels geeigneter Zuchttiere noch nicht gelungen. Es wäre sehr schön, wenn einmal eine größere Stückzahl dieser Tiere importiert würden. Die Art ist gut haltbar und bereitet dem Pfleger mit ihrer Kletterkunst viel Freude.

Grammostola pulchripes SIMON, 1891
Kein deutscher Name

Verbreitung: Argentinien
Maximale Größe: 11 cm
Beschreibung: *Grammostola pulchripes* ist eine der größten Vogelspinnarten der Erde. Farblich und zeichnungsmäßig ist sie nicht besonders auffällig, allein ihre Größe (bis 28 cm Beinspannweite) macht die Tiere sehr begehrenswert. Grundfarbe schokoladenbraun.

Abbildung 77. Grammostola pulchripes.

Alte Exemplare schimmern am ganzen Körper grün. Längere rotbraune Haare, besonders auf dem Abdomen. Abdominalbrennhaare sehr fein und zu einem silbrig glänzenden Fleck angeordnet. Nicht aggressive Bombardierspinne.

Haltung: Terrarium ab 60 × 40 × 40 cm. Bodengrund aus Rindenmulch oder Blumenerde mit aufgestreuter Laubschicht. Ein geräumiges Versteck sollte dem Tier bereits fertig angeboten werden, etwa ein Nistkasten für Wellensittiche. Temperatur: 20–22 °C tagsüber, nachts nicht unter 18 °C. Luftfeuchtigkeit: etwa 65%. Sehr genügsame Art. Zeitweiliges Austrocknen der Terrarieneinrichtung halten die Tiere mehrere Wochen ohne Probleme aus. Weibchen erreichen ein fast biblisches Alter von bis zu 25 Jahren!

Abbildung 78. Grammostola pulchripes.

Lasiodora klugii KOCH, 1842
Kein deutscher Name

Verbreitung: Brasilien
Maximale Größe: 9 cm
Beschreibung: Die großen Arten der Gattung *Lasiodora* sind die Prunkstücke einer jeden Spinnensammlung.

Keine besondere Zeichnung, sondern allein ihre Größe und die oft sehr dichte und lange Behaarung machen diese Tiere begehrenswert. *Lasiodora klugii* ist eine kompakte, gut kletternde aber bodenbewohnende Art. Beine und Cephalothorax braun, vor einer Häutung auch hellbraun. Abdomen schwarz, mit feuerroten, langen Haaren.

Die Behaarung von *Lasiodore klugii* gibt den Tieren ein »struppiges« Erscheinungsbild.

Im Gegensatz zu den ebenfalls sehr groß werdenden Grammostolinae sind *Lasiodora*-Arten aber meist recht aggressiv. Die Eigenschaft der Gattung *Lasiodora*, sehr »großzügig« mit den Reizhaaren ihres Abdomens zu stäuben, gab diesen Tieren als erste die Bezeichnung Bombardierspinnen.
Haltung: Terrarium ab 40 × 30 × 30 cm. Seitenwände des Terrariums mit Rinde bekleben, da *Lasiodora* gern klettert. Bepflanzung mit *Philodendron scandens*. Temperaturen: tagsüber 22–26 °C, nachts 20 °C. Luftfeuchtigkeit: ca. 70 %. Geräumiges Versteck vorbereiten. Bodengrund aus fester Blumenerde mit Laubschicht.

Zucht: Regelmäßig wird die Art bisher nicht gezüchtet. Bei mir wachsen zur Zeit 20 Jungtiere auf, die von einem aus Brasilien mitgebrachten Weibchen stammen. Das Tier baute schon während der Flugreise in der Transportverpackung einen Kokon, aus dem bereits nach drei Wochen Jungspinnen schlüpften! Vielleicht gelingt es, die Männchen gleichzeitig mit den Weibchen geschlechtsreif werden zu lassen. Dann wäre die sehr alt werdende Art regelmäßig nachzuzüchten.

Abbildung 79. Lasiodora klugii.

Zucht: Die Zucht gelingt mangels geeigneter Zuchttiere leider nur selten. Meine Exemplare erhielt ich 1979 als winzige Jungtiere. Leider erwiesen sich alle Tiere als weibliche Exemplare, so daß eine Nachzucht bei mir bisher nicht glückte.

Bei Durchschnittstemperaturen von etwa 22 °C wuchsen sie sehr langsam und werden erst jetzt nach und nach geschlechtsreif. Darum sind zu ihrer Aufzucht etwas höhere Temperaturen angebracht.

Empfehlung: *Lasiodora klugii* ist eine gut haltbare Vogelspinne, die leider nur sehr selten zu erhalten ist. Einige Neuimporte aus Brasilien wären für die Zucht notwendig.

Abbildung 80. Metriopelma colorata.

Metriopelma (syn.: Crypsidromus) colorata
VALERIO, 1982
Kein deutscher Name

Verbreitung: Brasilien
Maximale Größe: 3 cm
Beschreibung: Kleine, und wie sehr viele
Metriopelma-Arten besonders auffällig ge-
zeichnete Vogelspinne. Beine graubraun.
Der Kopfteil des Carapax ist wie das Abdomen rostrot. Das Bruststück ist schwarz.
Von der Thoraxgrube aus sind die Radialstriemen rötlich vom schwarzen Untergrund abgesetzt. Abdomen schwarz. Auf
dem oberen Drittel des Abdomen befindet
sich ein zentraler kreisrunder rostroter
Fleck. Die Abdominalseiten besitzen vier
breite, zu den Spinnwarzen hin immer kürzer werdende Flecke. Bombardierspinne.
Haltung: Meiner Meinung nach ist dies die
schönste Metriopelma-Art, die leider nur
noch durch Zufall nach Deutschland gelangen dürfte. Während früher brasilianische
Tierimporte an der Tagesordnung waren,
spürt man heute, daß in Brasilien strengste
Ausfuhrverbote für alle dort lebenden Tiere herrschen. Daher werden diese Vogelspinnen bestenfalls im Privatgepäck von
Liebhabern unsere Grenzen passieren.
Sehr wichtig ist es dann, daß unbedingt
Zuchtversuche durchgeführt werden,
wenn wir diese Art in unseren Terrarien

erhalten wollen. Daß das nicht allzu schwierig ist, beweist die Tatsache, daß die verwandten Arten *M. zebratus* und *M. drymusetes* bereits als Nachzuchttiere regelmäßig zu erhalten sind.

An die Behältergröße stellen diese Tiere keine Ansprüche, sollten aber im Gegensatz zu den beiden anderen erwähnten Arten etwas wärmer gehalten werden. Temperaturen von 26–27 °C sind angebracht. Das Futter darf nicht aus wehrhaften Insekten, wie Heimchen und Grillen, bestehen, denn *M. colorata* erreicht offenbar nur eine Körperlänge von 3 cm. Stubenfliegen als Alleinfutter sind am besten.

Die Nomenklatur der Gattungen *Crypsidromus* und *Metriopelma* befindet sich augenblicklich in einem Wandel. Daher gebe ich hier beide Gattungsnamen an.

Metriopelma (syn.: Crypsidromus) drymusetes VALERIO, 1982
Wespenvogelspinne

Verbreitung: Costa Rica
Maximale Größe: 3,5 cm
Beschreibung: *Metriopelma drymusetes* sieht ihrer Verwandten *R. zebratus* sehr ähnlich. Sie unterscheidet sich zunächst in der Beinfarbe: *Metriopelma zebratus* besitzt schwarze Beine, während die Beine von *M. drymusetes* auch direkt nach der Häutung graublau sind. Ein zweites Unterscheidungsmerkmal ist das Vorhandensein von recht großen Tibiaapophysen der

Abbildung 81. Metriopelma drymusetes.

Männchen, während *M. zebratus* nur kleine oder nicht vorhandene Tibiaapophysen besitzen soll. Bombardierspinne.

Haltung: Wie bei *M. zebratus* genügen Temperaturen um 25 °C. Die Terrarieneinrichtung kann ebenfalls der für *M. zebratus* entsprechen.

Einige Pfleger, die sich auf solche kleinen Vogelspinnenarten spezialisiert haben, halten diese wunderschönen Spinnenarten erfolgreich auch in Behältern in der Größe von Seifendosen.

Entsprechend ihrer geringen Größe begnügen sich solche Tiere mit kleinen Futtertieren. Stubenfliegen sind ein ideales Futter. Halbwüchsige Heimchen (Sprungbeine entfernen!) und Mehlwürmer runden den Speiseplan ab. Sehr ansprechend wirkt ein für *Metriopelma*-Arten eingerichtetes

Abbildung 82. Metriopelma drymusetes.

Kleinstterrarium, wenn es mit verschiedenen Moosen und Farnen eingerichtet wird. Solche Pflanzen erhöhen die Luftfeuchtigkeit und verbessern das Mikroklima in dem Behälter erheblich.

Metriopelma(Syn.:Crypsidromus)zebratus
BANKS, 1909
Zebravogelspinne

Verbreitung: Mittelamerika
Maximale Größe: 4 cm
Beschreibung: Kleine, aber sehr attraktive Art aus der Unterfamilie Ischnocolinae. Beine fast schwarz. Carapax rotbraun mit Metallschimmer.

Abdomen: Grundfärbung schwarz, mit einer rotbraunen Zeichnung von sieben Streifen an jeder Abdominalseite.

Abbildung 83. Metriopelma zebratus,
Männchen.

Häufigste importierte Art der Ischnocolinen. Flinke, geschickt kletternde Bombardierspinne.

Haltung: Kleines oder mittelgroßes Terrarium ab 15 × 20 × 20 cm, höher als lang. *Metriopelma zebratus* sitzt gern an erwärmten Stellen; dabei stört sie sich auch nicht an der Helligkeit einer eventuell vorhandenen Leuchtstoffröhre.

Temperaturen zwischen 24–26 °C tagsüber; nachts sollte die Temperatur nicht unter 20 °C absinken. Bodengrund kann aus einer 2–5 cm hohen Torfschicht bestehen. Darüber eine Schicht Rindenstücke als Versteckmöglichkeit.

Luftfeuchtigkeit zwischen 75 und 90%. Beleuchtung durch Leuchtstofflampe erwünscht.

Abbildung 84. Metriopelma zebratus, Jungtier.

Zucht: Man sollte die Zucht von *M. zebratus* unbedingt versuchen. Voraussetzung dafür sind aber geeignete Zuchttiere. Da *M. zebratus* relativ selten importiert wird, beschafft man sich am besten Nachzuchttiere, die im Abstand von ein bis zwei Jahren gezüchtet wurden. Jungtiere wachsen aber recht langsam.

Leider beträgt die maximale Lebenserwartung von *M. zebratus* nur drei bis vier Jahre. Für eine Spinne ist das aber schon ein stattliches Alter. *Metriopelma zebratus* ist leicht nachzuzüchten. Allerdings verhalten sich die Tiere gegenüber dem Geschlechtspartner ziemlich aggressiv. Die Jungtiere sind äußerst klein (2,5 mm Gesamtlänge). Die erste Nahrung sollte aus Kleinstinsekten, wie Springschwänzen oder *Drosophila melanogaster*, bestehen.

Phormictopus cancerides LATREILLE, 1806
Haiti-Vogelspinne

Verbreitung: Haiti, westindische Inseln
Maximale Größe: 7 cm
Beschreibung: Recht groß werdende, schlank gebaute Art. Metatarsus des letzten Beinpaares doppelt so lang wie der der anderen Beine. Beinlängen bis zu 9 cm (Hinterbeine) sind keine Seltenheit. Vor allem ausgewachsene Männchen besitzen lange dünne Hinterbeine. Metatarsus und Tarsus besitzen breite Haftpolster. Grundfarbe: vor der Häutung bei alten Tieren zum Teil einfarbig Rostrot. Jüngere Tiere rotbraun. Frisch gehäutete Tiere dunkel (schokoladenbraun), mit wunderschönem metallisch rot schimmernden Carapax. Vor allem erwachsene Männchen mit metallischem rotem Femur. Obschon ohne erwähnenswerte Zeichnung dennoch eine durch ihre dichte Behaarung sehr attraktive Spinne. Vorsicht beim Umgang mit dieser etwas aggressiven Art! Bombardierspinne. Keine Stridulationsgeräusche.
Haltung: Halbtrockenes Steppenterrarium, mindestens 20 × 30 × 20 cm, besser 40 × 30 × 20 cm. Bodengrund 3–5 cm Torf mit Laubdecke, leicht feucht. Reiner Bodenbewohner mit wenig Grabtätigkeiten. Unterschlupf aus geräumiger Zierkorkrinde oder Holznistkasten. Die Tiere trinken oft und gern. Regelmäßig Futter anbieten, da sich abgemagerte Tiere nur schlecht erholen. Temperaturen: 22–28 °C tagsüber, nachts nicht unter 15 °C. Nachtabsenkung aber wünschenswert. Luftfeuchtigkeit: 70 %, nachts bis 85 %. Eine gute Belüftung des Behälters ist erforderlich. Bepflanzung mit Gräsern und *Philodendron scandens* möglich. Kräftige Nahrung, wie Wanderheuschrecken und Totenkopfschaben.
Zucht: Meine ersten *P. cancerides* erhielt ich 1979 als 5 mm kleine Jungtiere aus dem Kölner Zoo. Die Aufzucht bei etwa 27 °C erwies sich als völlig problemlos. Manche Männchen waren bereits nach einem Jahr geschlechtsreif, für die weiblichen Geschwistertiere für Paarungsversuche jedoch noch nicht zu gebrauchen, da die Weibchen erst nach drei Jahren erwachsen waren. Die Zucht dieser Art ist nicht schwierig.

Vorher gut gefütterte Weibchen legten bereits nach vier Wochen ihre Eier. Bei 27 °C schlüpften wiederum nach vier Wochen die Jungspinnen aus dem Kokon. Mit etwa 6 mm Größe erbeuten die Spinnen bereits Stubenfliegen und wachsen schnell weiter heran. Bis etwa zur fünften Häutung besitzen die Jungtiere eine schöne blauschwarze Färbung.
Empfehlung: Diese Spinne ist für den Anfänger gut geeignet. Am besten gewöhnen sich kleine bis mittelgroße Exemplare in den Terrarien ein.

Abbildung 85. Phormictopus cancerides.

Psalmopoeus cambridgei Pocock, 1895
Kein deutscher Name
Verbreitung: Trinidad
Maximale Größe: 8 cm
Beschreibung: Neben *Avicularia metallica* eine der wichtigsten baumbewohnenden Arten der Unterfamilie Aviculariinae. Sehr lange Extremitäten, durch die seitliche Behaarung stark verbreitert. Tarsus und Me- tatarsus mit einem tieforangenen Strich. Carapax olivgrün. Grundfarbe des gesamten Tieres Beige. Abdomen mit dunklem, seitlichem Dreiecksmuster.

Im Ruhezustand liegen die Tiere oft völ- lig ausgestreckt da, wobei die ersten bei- den Beinpaare und die Taster parallel zur Körperlängsachse liegen. Äußerst ge- schickte Baumvogelspinne.

Abbildung 86. Phormictopus cancerides.
Jungtier.

Haltung: Hohes Terrarium für baumbewohnende Arten, ab 20 × 30 × 50 cm.
Reichlich Klettermöglichkeiten. Beleuchtung und Wärme durch Leuchtstofflampen. Bodengrund aus Blumenerde immer
feucht halten. Temperaturen lokal bis
30 °C, sonst 25–27 °C, nachts Abkühlung
auf 20 °C. Luftfeuchtigkeit: 75–80%. *Psalmopoeus cambridgei* baut geräumige
Wohngespinste in den oberen Teil des Behälters. Zur Pflege der Tiere muß der Behälter von der Seite zugänglich sein, weil
sonst immer wieder das Wohngespinst der
Tiere zerstört wird und die Spinnen dann
allzu leicht aus dem Terrarium herausspring-
gen.

Wenn man *P. cambridgei* stört, läßt sie
sich oft fallen und läuft dann sehr schnell in

Abbildung 87. Psalmopoeus cambridgei,
Männchen.

das nächste Versteck. Manchmal springen die Tiere bis zu 20 cm weit.

Zucht: Die Nachzucht dieser Art erfolgt bereits regelmäßig. Gerade weil *P. cambridgei* kaum als Wildfangtiere zu erhalten sind, ist das besonders wichtig. Während der Kopulation sind die Tiere oft aggressiv.

Bei gleichen Zeitigungsbedingungen wie bei *Avicularia metallica* schlüpfen die Jungspinnen nach etwa acht Wochen. Die 5 mm großen Jungtiere bewältigen sofort kleine Stubenfliegen. Bereits nach zwei Monaten haben sie eine Beinspannweite von 4 cm erreicht.

Empfehlung: Diese Vogelspinne sollte zur »Grundausstattung« einer jeden Spinnensammlung gehören. Ihre stattliche Größe und ihr attraktives Aussehen machen sie zu einem Prunkstück im Terrarium.

Psalmopoeus reduncus KARSCH, 1880
Kein deutscher Name

Verbreitung: Costa Rica
Maximale Größe: 6 cm
Beschreibung: Kleine, etwas kompakter als *P. cambridgei* gebaute Art. Grundfarbe Dunkelbraun bis fast Schwarz. Etwas hel-

Abbildung 88. Psalmopoeus cambridgei,
Vorderbeine des Männchens sind stark behaart.

Abbildung 89. Psalmopoeus cambridgei, frisch
gehäutet.

ner Torf. Flache Rindenstücke als Unterschlupf. *Psalmopoeus reduncus* baut sich
in kurzer Zeit unterirdische Wohnhöhlen.
Der dabei entstehende Bodenaushub wird
vor die Eingänge befördert und das Ganze
mit einem dichten Gespinst verkleidet.
Temperaturen zwischen 22–25 °C genügen
tagsüber und auch nachts. Luftfeuchtigkeit
ca. 70%.

Psalmopoeus reduncus wird nur selten
im Liebhaberterrarium gepflegt. Das ist eigentlich schade. Aufgrund ihrer Haltbarkeit und vor allem der guten Zuchterfolge
wegen sollte diese Spinne, genau wie *A.
metallica*, mit zur »Grundausstattung« jeder Vogelspinnensammlung gehören.

lerer Cephalothorax. Beine relativ dick,
mit kräftigen Haftpolstern.

Adulte Männchen sehr dicht behaart,
dadurch erscheinen sie auch größer als die
Weibchen. Keine Brennhaare auf dem Abdomen. Leicht reizbare, schnelle Vogelspinne.

Haltung: Terrarium 20 × 30 × 20 cm. Bodengrund 5 cm Sand-Torfgemisch oder rei-

Pterinopelma saltator POCOCK, 1903
Kein deutscher Name

Verbreitung: Argentinien
Maximale Größe: 5 cm
Beschreibung: Hübsche, nicht allzu groß

Abbildung 90. Psalmopoeus cambridgei.

Abbildung 91. Psalmopoeus reduncus.

werdende Art. Carapax dunkelgrau mit cremefarbener Umrandung. Taster und die ersten drei Beinpaare mit einer schwarzen Grundfärbung und langen hellgrauen Haaren, die dem Prosoma des Tieres eine insgesamt graue Färbung geben. Abdomen tiefschwarz.

Interessant ist, daß das hintere Beinpaar im Gegensatz zu den anderen immer schwarz ist; wenn sie an den Hinterleib angelegt werden verschmelzen sie mit ihm optisch beinahe. Sehr ruhige, keinesfalls angriffslustige Bombardierspinne.

Haltung: Kleines Terrarium ab 15 × 20 × 20 cm. Bodengrund nur 2–3 cm Laubschicht, sehr feucht. Versteck aus halbrundem Stück Korkeiche. Hohe Luftfeuchtigkeit bis 90%. Tagestemperaturen 22–24 °C und 19–20 °C während der Nacht. Be-

pflanzung mit Javamoos und kleinen Farnen erwünscht. Gut haltbare und problemlose Art. Jedem Spinnenliebhaber zu empfehlen. Noch nicht regelmäßig nachgezüchtet.

Phrixotrichus roseus POCOCK, 1903
Rote Chile-Vogelspinne

Verbreitung: Chile
Maximale Größe: 7 cm
Beschreibung: *Phrixotrichus roseus* ist zur Zeit eine der häufigsten importierten Vogelspinnenarten. Problematisch ist die Bestimmung dieser Tiere, die im Laufe der Zeit mit den unterschiedlichsten Gattungs- und Artnamen bezeichnet wurden. Ein Grund dafür ist die sehr variable Farbe, die je nach Fundort von Dunkelbraun über Beige bis zu einem intensiven Orangerot schwankt.

Allen Tieren gemeinsam ist ein metallisch-roter Farbschimmer auf dem Carapax. Vom Petiolus aus zieht sich ein schwarzes Band bis zum ersten Drittel des Abdomens. Dieses Band kann bei manchen Exemplaren aber auch fehlen. Orangefarbene Exemplare verlieren ihre Färbung auch nicht vor der Häutung. Die Abdominal-Reizhaare werden nur selten zur Verteidigung genutzt.

Haltung: Terrarium ab 30 × 20 × 20 cm. Die Tarsen können bei zu großer Feuchtigkeit des Bodengrundes leicht absterben. Eine 5–6 cm hohe Schicht aus Rindengra-

Abbildung 92. Pterinopelma saltator.

nulat ist daher einem Boden aus Torf oder Blumenerde vorzuziehen. Versteck aus Rindenstücken zusammenkleben oder halbierten Blumentopf verwenden.

Temperaturen etwa 25–28 °C tagsüber und 22 °C nachts. Starkes Abmagern der Tiere durch zu lange Fastenzeiten muß man vermeiden, weil sich diese Art nur schlecht erholt.

Zucht: *Phrixotrichus roseus* wird oft nachgezüchtet. Trotz einer recht kurzen Entwicklungsdauer von dreieinhalb Wochen bei 27 °C wachsen die Jungtiere auch bei guter Pflege nur sehr langsam. Die frisch geschlüpften Spinnen sind sehr klein und erbeuten nur kleines Futter, wie etwa *Drosophila*.

Meine Jungtiere erhielt ich 1982. Bei normaler Zimmertemperatur wurden die weiblichen Tiere erst 1988 allmählich geschlechtsreif. Die Männchen sind etwa ein Jahr früher adult geworden und sterben nun langsam wieder ab.

Wer Männchen auf »Sparflamme« aufzieht, kann auch aus Geschwistertieren geschlechtsreife Paare erhalten. Die Kopulation verläuft nicht ganz ruhig, so daß man bei stärkeren Aggressionen des Weibchens den Paarungsversuch abbrechen sollte.

Empfehlung: Etwas empfindliche Art, mit der es aber auch der Anfänger in der Spinnenpflege versuchen kann. Der Bestand dieser Art ist durch die regelmäßige Nachzucht in unseren Terrarien gesichert.

Rechosticta spec.
Goldrücken-Vogelspinne

Verbreitung: Tucson, Arizona
Maximale Größe: 7 cm
Beschreibung: Wunderschöne, leider nur selten importierte Art. Beine schwarz. Abdomen mit schwarzer Grundfärbung und langen roten Haaren wie bei *B. vagans*. Einen herrlichen Kontrast zu den Beinen und dem Abdomen bildet der golden gefärbte Carapax. Die Männchen sind in der Regel kleiner. Bombardierspinne.
Haltung: Geräumiges Terrarium; wegen der ansehnlichen Größe der Art nicht unter 40 cm Kantenlänge. Bodengrund aus Torf mit grobem Sand gemischt, fast trocken, etwa 5 cm hoch. Verstecke entweder aus Zierkork oder als Steinaufbau.

Luftfeuchtigkeit: 60–80%. Tagestemperaturen: 22–25 °C, nachts mind. 20 °C. Täglich frisches Wasser. Die milde Wärme einer Leuchtstofflampe ist den Tieren angenehm.
Empfehlung: Sehr attraktive, gut haltbare, auch dem Anfänger empfehlenswerte Art. Meine erst vor kurzer Zeit aus Arizona zugeschickten Tiere waren ausnahmslos ausgewachsene Männchen, so daß ich in der nächsten Zeit keine Aussicht auf Nachzucht habe. Die geringe Angriffslust und ruhige Wesensart machen diese schöne Art zu einem interessanten Pflegeobjekt. Für eine regelmäßige Zucht müßten gute Zuchtexemplare in die BRD gelangen.

Abbildungen 93. Phrixotrichus roseus ist je nach
Fundort recht unterschiedlich gefärbt.

Abbildungen 94. Phrixotrichus roseus ist je nach
Fundort recht unterschiedlich gefärbt.
Abbildung 95. Rechosticta spec., Männchen.

Sericopelma generala VALERIO, 1980
Kein deutscher Name

Verbreitung: Costa Rica, z. B. am Gene-
rale-Fluß
Maximale Größe: 8 cm
Beschreibung: Große, kompakte Spinne
der Unterfamilie Theraphosinae. Habitus
ähnlich wie der von *Theraphosa leblondi*.
Allerdings besitzt diese Art auf den Beinen
und dem Carapax nur eine kurze Behaarung. Das Abdomen ist mit langen feuerroten Haaren ausgestattet. Grundfarbe ist ein
gleichmäßiges Schokoladenbraun mit langen roten Haaren auf dem Abdomen. Die
Männchen der Arten *S. generala* und *S.
immensa* sehen einfarbig schwarz aus und
haben ein leuchtendrotes Abdomen. Frisch
gehäutete Weibchen ebenfalls tiefschwarz
mit   feuerroter   Abdominalbehaarung.
Beißlustige aber durch ihre Größe sehr attraktive Art.
Haltung: Behälter ab 40 × 30 × 30 cm.
Bodengrund mit starkem Gefälle im Terrarium aufschichten. Eine Kork- oder Holz-
röhre als Wohnungseingang waagerecht in
die Erde treiben.

   Temperaturen nicht zu hoch wählen;
22–23 °C genügen tagsüber. Während der
Nacht Abkühlung auf etwa 20 °C. Luftfeuchtigkeit etwa 65 %. *Sericopelma generala* ist ein gieriger Fresser. Große Futterinsekten anbieten!
Zucht: Die Zucht dieser Art wurde bisher
nicht versucht. Erst neuere Importe lassen

Abbildung 96. Rechosticta spec.

daher auf eine Nachzucht in naher Zukunft hoffen.

Ich selbst pflege diese Tiere erst seit kurzer Zeit, so daß ich noch keine sicheren Aussagen über die Haltbarkeit der Art machen kann. Bisher haben sich die Tiere aber als gut pflegbar erwiesen.

Sphaerobothria hoffmanni KARSCH, 1879
Kein deutscher Name

Verbreitung: Costa Rica
Maximale Größe: 5 cm
Beschreibung: Unscheinbar gefärbte, kompakt gebaute Vogelspinne aus Mittelameri-

Abbildung 97 (oben). Sericopelma generala.

Abbildung 98 (unten). Sericopelma generala, Männchen.

Männchen dunkelbraun, mit metallisch bronzefarbenem Prosoma. Der Höcker der Männchen ist wesentlich kürzer.

Haltung: Die Art baut in ihrer Heimat meterlange dünne Röhren, die auch um Hindernisse, wie etwa starke Wurzeln oder große Steine, herumführen. Es bietet sich ein Terrarium mit viel Bodengrund aus Torf-Sandgemisch (1:2) an. An die Behältergröße werden keine besonderen Ansprüche gestellt.

Temperaturen im Erdreich etwa 20–22 °C. Die Lufttemperatur kann bis 27 °C steigen.

Empfehlung: *Sphaerobothria hoffmanni* ist in ihrer Heimat zwar recht häufig zu finden, doch bereitet der Fang dieser stark grabenden Art große Schwierigkeiten, so daß sie nur selten zu erhalten ist. Diese Art ist aber gut im Terrarium zu pflegen. Die Zucht im Terrarium sollte eigentlich möglich sein. Im Terrarium erweist sich diese Art manchmal als sehr ruhig, ja sogar lethargisch. Teilweise hält sie sich wochenlang in ihrem Unterschlupf auf. Vor allem satte Tiere bekommt man nur selten zu Gesicht. Wenn man die Tiere nicht zu oft füttert, lassen sie sich während der Dämmerung bei der Futtersuche beobachten. Leider erhielt ich Mitte 1986 nur ein einziges adultes Paar dieser Art. Trotz mehrfacher Kopula baute das Weibchen keinen Kokon und häutete sich im Februar 1987. Das männliche Tier verstarb in dieser Zeit, so daß ich in der Zukunft erst neue Tiere

ka. Cephalothorax der Weibchen dunkel olivbraun. Beine ab Patella etwas heller. Abdomen: Grundfärbung schwarz, mit längeren hellgrauen Haaren. Unverwechselbar ist diese Art durch einen knopfartigen Höcker in der Thoraxgrube, ähnlich der afrikanischen Gattung *Ceratogyrus*.

Abbildung 99. Sphaerobothria hoffmanni.

Abbildung 100. Theraphosa leblondi.

erhalten muß, um diese durch ihr kurioses Aussehen so interessante Art zu vermehren.

Theraphosa leblondi LATREILLE, 1804
Riesenvogelspinne

Verbreitung: Französisch-Guyana, Venezuela
Maximale Größe: 12 cm
Beschreibung: *Theraphosa leblondi* ist eine der größten und schwersten Vogelspinnen der Erde. Farblich nicht besonders auffällig, zeichnet sie sich durch sehr kräftige Beine mit einer dichten und langen Behaarung aus. Schlecht gehaltene Tiere oder Exemplare kurz vor einer Häutung sehen sehr kahl aus und haben eine rostrote Färbung. Grundfarbe ist ein tiefes Schwarz. Durch die lange hellbraune Behaarung erscheinen die Tiere insgesamt dunkelbraun. Fast immer ist die Abdominalbehaarung unvollständig, weil *Theraphosa leblondi* regelmäßig ihre Behausung und deren Zu-

Abbildung 101. T. leblondi sollte man nur in
Ausnahmefällen in die Hand nehmen.

gänge mit den Brennhaaren auskleidet. Eine aggressive Bombardierspinne.

Haltung: Terrarium: 60 × 30 × 40 cm.
Bodengrund aus Torferde oder Torf, gemischt mit Rindenstücken, mindestens
6–10 cm hoch, und einer Schicht aus trok-
kenem Eichen- oder Buchenlaub. Dunkles,
geräumiges Versteck aus größeren Rindenstücken.

Luftfeuchtigkeit zwischen 85 und 98%
bei 25–27 °C Tagestemperaturen, nachts
23 °C. Theraphosa leblondi reagiert empfindlich auf Staunässe. Verpilzung der Tarsen sind die Folge. Daher ist Kondenswas-
serbildung an den Glaswänden durch eine
entsprechende Belüftung des Terrariums
zu vermeiden.

Fütterung mit großen Schaben und
Wanderheuschrecken. Das Abdomen erreicht manchmal die Größe eines Tennis-
balls.

Empfehlung: Theraphosa leblondi bereitet
im Terrarium noch immer erhebliche
Schwierigkeiten. Einer der Gründe dafür

liegt darin, daß Importtiere schon sehr ge-
schwächt und verletzt in der Bundesrepublik eintreffen. Ein weiterer Grund ist die
allgemein schlechte Unterbringung bei
Groß- und Einzelhändlern während der
»Zwischenlagerung«. Es wäre schön, wenn
sich diese Verhältnisse ändern würden. Besonders gut sind Tiere, die private Spinnenliebhaber direkt aus den Herkunftslän-
dern mitbringen.

Zucht: Die Zucht von Thereaphosa leblondi ist auch in der Bundesrepublik bereits
mehrmals gelungen. Das anfangs etwas aggressive Weibchen läßt sich, Paarungswilligkeit vorausgesetzt, von dem Männchen
bis zu zehn Minuten begatten. Nach der
Kopulation trennen sich die Tiere ohne aggressive Handlungen. Die Männchen von
Theraphosa leblondi besitzen keine Tibiaapophysen.

Während der Kokonzeitigung spinnt
sich Theraphosa leblondi vollständig in ihrer Behausung ein.

Nach acht bis zehn Wochen, je nach Zeitigungstemperatur, schlüpfen innerhalb
des Kokons die Larven; weitere vierzehn
Tage später häuten sie sich zu Jungspinnen.

Bemerkenswert ist die Schlupfgröße der
Tiere, die etwa 15 mm beträgt! Allein der
Hinterleib mit der Dotterflüssigkeit hat die
Ausmaße einer großen Erbse. Die Spann-
weite der Jungspinnen beträgt schon nach
der dritten Häutung ca. 5 cm. Ihre Aufzucht ist jedoch problematisch.

Abbildung 102. Ceratogyrus brachycephalus.

Afrikanische Arten

Ceratogyrus brachycephalus HEWITT, 1919
Höckervogelspinne

Verbreitung: Südafrika, Transvaal
Maximale Größe: 4 cm
Beschreibung: Kleine, gedrungene Art, etwas kompakter als *C. darlingi*. Grundfarbe Beige oder Hellbraun. Cephalothorax hellbraun. Aus der Thoraxgrube ragt ein dickes, nach vorn gerichtetes, schwarzes Horn hervor. Männchen sind mir bisher nicht bekannt. Im Genitalbereich, wie bei *C. darlingi*, ein gelborangenes Band.
Haltung: Terrarium: etwas geringere Ausmaße als bei *C. darlingi* genügen schon. Licht, Temperatur und Feuchtigkeitsverhältnisse wie bei *C. darlingi*. *Ceratogyrus brachycephalus* frißt am liebsten Futterinsekten, wie mittelgroße Grillen oder ausgewachsene Heimchen. Erwachsene Grillen leisten oft erheblichen Widerstand. Die dünne Abdominalhaut der Spinne kann durch die mit Stacheln besetzten Sprungbeine der Grille schnell Schaden nehmen.
Zucht: Die regelmäßige Zucht ist bisher nicht gelungen. Von einem Wildfangweib-

Abbildung 103. Ceratogyrus brachycephalus.

chen erhielt ich einen Kokon, aus dem etwa 100 Jungtiere schlüpften. Die Tiere gingen nur an kleinstes Futter. Die Sterblichkeitsquote lag bei etwa 90%. Nur vier Tiere wurden erwachsen!

Ceratogyrus darlingi Pocock, 1897
Höckervogelspinne

Verbreitung: Südafrika, Transvaal
Maximale Größe: 7 cm

Beschreibung: Grundfarbe Schiefergrau, nach der Häutung auch Hellbraun. Ohne nennenswerte Zeichnung auf Cephalothorax und Extremitäten.

Abdomen verhältnismäßig klein, mit einem schwarzen Mittelstreifen auf braunem Grund. Von dem Mittelstreifen gehen weitere Querstreifen aus. Sternum und Unterseiten der Extremitäten tiefschwarz. Abdominalunterseite schwarz, mit einer gelben bis orangefarbenen Genitalregion, bandartig gezeichnet.

Alle *Ceratogyrus*-Arten besitzen in der Thoraxgrube ein Horn, das je nach Art eine typische Richtung und Größe aufweist. Bei *C. darlingi* ist es kurz und nach hinten gekrümmt. Über Sinn und Zweck dieses Horns ist bisher noch nichts bekannt.

Ceratogyrus darlingi ist geschlechtsdimorph, das heißt, die Männchen unterscheiden sich äußerlich deutlich von den Weibchen. Das Männchen ist wesentlich kleiner (höchstens 5 cm), von dunklerer Färbung und trägt an den Gelenken der Gliedmaßen kleine weiße Ringe.

Haltung: Für diese Art benötigt man kleine Terrarien ab 20 × 20 × 20 cm. Da *Ceratogyrus*-Arten ihre Behausung stark einspinnen und manchmal auch das gesamte Terrarium mit einem sehr dichten Gespinst versehen, bekommt man die Tiere nur selten zu Gesicht; eine Kontrolle wird dadurch erschwert.

Um so wichtiger ist es, *Ceratogyrus*- (ebenso wie *Pterinochilus*- und *Harpacti*-

Abbildung 104. Ceratogyrus darlingi.

ra-) Arten unter wirklich optimalen Bedingungen zu pflegen. Dazu gehören gleichmäßige Temperaturen von etwa 27–30 °C während des Tages und der Nacht. Eine geringe Luftfeuchtigkeit zwischen 40 und 60% und ständig vorhandenes frisches Trinkwasser dürfen daher ebenso nicht fehlen.

Ceratogyrus-Arten sind sehr gute Fresser, so daß man ihnen fast täglich ein bis zwei Grillen anbieten kann. Ein für *Ceratogyrus* eingerichtetes Terrarium braucht außer einer Schicht fast trockenen Torfes von etwa 10 cm Höhe nur noch ein Stück Rinde oder einen halbierten Blumentopf als Unterschlupf und das Trinkgefäß. Sinnvoller wären Tonröhren mit unterschiedlichen Durchmessern als Verstecke. Den Rest der »Einrichtung« übernimmt das Tier dann selber, indem es sich ein geräu-

Abbildung 105. Ceratogyrus darlingi.

miges Wohnröhrensystem baut. Das zu beobachten, ist eine reizvolle Angelegenheit.

Zucht: Die Zucht von *C. darlingi* ist nicht einfach.

Die größten Schwierigkeiten bereiten die Tiere während der Begattung: Beide Geschlechter verhalten sich sehr sensibel, und das Weibchen kann außerdem aggressiv werden. Selbst geringste Störungen, etwa leichte Erschütterungen (Trittschall), veranlassen es plötzlich zuzubeißen; gleichzeitig läuft das Männchen äußerst schnell aus dem Gefahrenbereich. Vorsicht ist dann vor dem flüchtenden Männchen geboten: Will man es wieder einfangen, beißt es unter Umständen sofort zu!

Vier bis sechs Wochen nach der Begattung baut *C. darlingii* innerhalb ihres Wohnbereichs einen Kokon, der bis zu 250 Eier enthält. Im Gegensatz zu vielen anderen Vogelspinnenarten wird der Kokon allerdings nicht kugelförmig angelegt, sondern hängend stationär in das Wohngespinst eingebaut. Damit ist die Brutpflege der Art abgeschlossen. Die Jungtiere schlüpfen bei einer Dauertemperatur von 26 °C bereits nach etwa drei Wochen. Sie sind winzig und fressen nur allerkleinstes Futter, wie *Drosophila* und Springschwänze. Sie wachsen schnell heran und können bereits nach einem Jahr geschlechtsreif werden (Männchen).

Empfehlung: Der Umgang mit dieser aggressiven, sehr flinken Spinnenart sollte nur erfahrenen Spinnenpflegern vorbehalten bleiben. *Ceratogyrus darlingi* ist eine der interessantesten Arten des afrikanischen Kontinents. Ihre Pflege bereitet viel Freude. Bei guten Zuchttieren ist die regelmäßige Nachzucht ohne weiteres möglich.

Citharischius crawshayi POCOCK, 1900
Kein deutscher Name

Verbreitung: Kenia
Maximale Größe: 9,5 cm
Beschreibung: Gedrungene, sehr große afrikanische Vogelspinnenart. Die kräftigen Extremitäten erreichen bis zu 7 mm Durchmesser. Die Hinterbeine sind stark nach innen gekrümmt und weisen die Art als Röhrenbewohner aus. Der gesamte Körper ist nur mit kurzen Haaren besetzt; das Abdomen besitzt keine abstreifbaren Brennhaare.

Abbildung 106. Ceratogyrus darlingi,
Männchen.

Das gesamte Tier ist rotbraun, ohne jegliche Zeichnung. Bei gut genährten Tieren ist das Abdomen ähnlich wie bei *Theraphosa leblondi* fast kugelförmig und erreicht dann fast 5 cm Durchmesser. Die Chelizerenklauen erreichen ebenfalls gewaltige Ausmaße; sie werden bis zu 1,7 cm lang.
Haltung: Geräumiges Terrarium ab 60 × 40 × 50 cm. Mindestens 20–25 cm Bodengrund aus relativ fester Lehm- oder Rasenerde. Im unteren Bereich muß der Boden immer etwas feucht sein, an der Oberfläche allerdings trocken. Einen flachen Steinaufbau oder ein halbrundes Zierkorkstück als Höhleneingang herrichten!
Temperaturen: In der Erde ständig etwa 20–22 °C (Heizkabel); an der Oberfläche 22–25 °C tagsüber und 20–22 °C nachts. Luftfeuchtigkeit je nach Jahreszeit zwischen 50 und 75 %.
Futter: Ausnahmsweise nackte Mäuse, sonst Großschaben, Wanderheuschrecken und ähnlich große Insekten.

Citharischius crawshayi ist eine stark grabende Vogelspinne. An den Fundorten in Kenia sind die Tiere sehr selten zu finden und nur mit großem Aufwand im Lateritboden zu erbeuten.

Über eine Zucht ist bisher nichts bekannt geworden. Vor kurzem wurden jedoch viele eitragende Weibchen importiert.
Verhalten: Diese afrikanische Art besitzt keine abstreifbare Abdominalbehaarung zur Verteidigung.

Abbildung 107. Citharischius crawshayi in Angriffsstellung.

Wird sie gestört, richtet sie sich auf den Hinterbeinen auf. Durch Gegeneinanderreiben der Mundwerkzeuge erzeugt sie ein stark zischendes und knisterndes Geräusch. Gleichzeitig spreizt sie die Chelizeren auseinander und scheut sich nicht, kräftig zuzubeißen. Einmal zugebissen, läßt die Art nicht mehr so schnell los!
Empfehlung: Wer die Art in seinem Besitz hat, kann darauf wahrlich stolz sein. Er sollte keine Mühen scheuen, um diese Vogelspinne zur Nachzucht zu bringen. Bei mir wachsen z. Z. ca. 200 Jungtiere auf, die mir mit dem Muttertier aus Kenia gebracht wurden.

Abbildung 108. Citharischius crawshayi.

Harpactira gigas Pocock, 1898
Affenspinne

Verbreitung: Südafrika
Maximale Größe: 6 cm
Beschreibung: Die *Harpactira*-Arten werden häufig mit *Pterinochilus*-Vertretern verwechselt, doch unterscheiden sie sich eindeutig im Körperbau. Während die schlank gebauten *Pterinochilus*-Arten relativ klein bleiben.

Harpactira gigas ist eine sehr wehrhafte afrikanische Vogelspinnenart. Wird sie belästigt, richtet sie sich laut stridulierend auf und schlägt mit den Tastern und Vorderbeinen nach dem Angreifer. Bei weiterer

Abbildung 109. Die sehr kräftigen
Hinterbeine sind vermutlich eine Anpassung an
die extrem röhrenbewohnende Lebensweise
von C. crawshayi.

Abbildung 110. Harpactira gigas.

Störung scheut sich die Spinne nicht, kräftig zuzubeißen. Zusätzlich kann *H. gigas*
plötzlich aus dem Behälter laufen. Erst einmal ihrer gewohnten Umgebung entledigt,
rennt das Tier bis zur Erschöpfung solange
umher, bis sich ein Versteckplatz bietet.

Metatarsus und Tarsus sind mit kräftigen Haftpolstern, ähnlich wie bei den amerikanischen Aviculariinen, ausgestattet.
Obwohl die Tiere gut klettern können, gehören sie nicht zu den baumbewohnenden
Arten. Tibia und die Oberseiten von Metatarsus und Tarsus sind mit hellbraunen,
sehr langen Haaren besetzt. Frisch gehäutete Tiere erscheinen leicht rosafarben.
Abdomen beige mit schwarzer Marmorie-
rung, schwarze Mittellinie teilweise unterbrochen. Rechts und links dieser Mittellinie liegen jeweils fünf schwarze Punkte,
die zum After hin zu kleinen Streifen werden. Carapax schwarz, mit beigefarbenem
Kopfteil und beige umrandeten Radial-

striemen. Unterseite des Femurs mit starken Haarbüscheln bürstenartig besetzt.
Sternum und Unterseite des Femurs
schwarz. Abdominalunterseite schwarz,
mit orangefarbenem Band um den Genital-
und Buchlungenbereich. Sehr angriffslustig. Das Gift dieser Art ist für den Menschen absolut harmlos und führt zu keiner-
lei Schmerz.

Haltung: Terrarium: 20 × 30 × 20 cm.
Bodengrund   Torferde-Sand-Gemisch
(1:1), etwa 7 cm hoch. Vorgefertigte
Wohnröhre aus Zierkork wird gern angenommen und weiter ausgebaut. Die Tiere

besitzen ein ausgeprägtes Spinnverhalten; manchmal wird der gesamte Behälter mit Gewebe ausgepolstert.

Sehr wärmeliebend. Lokale Temperaturen bis zu 29 °C sucht die Spinne freiwillig auf; sie muß aber auch kühlere Stellen im Terrarium finden. Durchschnittstemperaturen um 25–28 °C tagsüber, 22–25 °C nachts. Luftfeuchtigkeit: 60–70%.

Empfehlung: *Harpactira*-Arten sind anfällig gegen Bakterien-, Pilz- und Virusbefall. Vor allem ältere, größere Importtiere benötigen viel Aufmerksamkeit und Pflege. Nach ein oder zwei Häutungen sind die schwierigsten Hürden bei der Eingewöhnung überwunden. Danach ist *Harpactira* auch dem Anfänger zu empfehlen. Die Zucht dieser interessanten Art scheitert oft am Mangel von jungen oder ausgewachsenen Männchen. Sonst dürfte die Art leicht nachzuzüchten sein.

Die Jungtiere sind empfindlich gegen Nässe und zu große Trockenheit. Am besten zieht man sie in kleinen Behältern auf, die sowohl feuchte als auch trockene Stellen aufweisen. *Harpactira gigas* ist sehr gefräßig. Das Abdomen erwachsener Weibchen kann hühnereigroß anschwellen.

Hysterocrates hercules POCOCK, 1899
Kein deutscher Name

Verbreitung: Nigeria, Westafrika
Maximale Größe: 8 cm

Beschreibung: Mittelgroße, wehrhafte Vogelspinne aus Westafrika. Recht seltene Art. Körperbau wie bei *Citharischius crawshayi*; etwas schlankere Beine. Hintere Extremitäten ebenso wie bei *C. crawshayi* nach innen gekrümmt. Röhrenbewohner. Abdomen oval, bis zu 4 cm Durchmesser, ohne Brennhaare. Extremitäten stark behaart.

Grundfarbe ist ein helles Beige oder, kurze Zeit nach der Häutung, Graubraun. Ohne nennenswerte Zeichnung.

Haltung: Terrarium mindestens 30 × 20 × 20 cm. Bodengrund entweder halbfeuchter Torf oder lehmige Rasenerde, mindestens 6 cm hoch. Kleine Zierkorkröhre als »Wohnungseingang« bereitlegen! Temperaturen: Tagsüber zwischen 20 und 25 °C, nachts 20 °C, lokal bis 28 °C. Luftfeuchtigkeit etwa 70%. Beleuchtung nicht erforderlich. Da sich die bevorstehende Häutung bei dieser Art nur schwer erkennen läßt, ist es sehr wichtig, daß keine Futtertiere im Behälter übrigbleiben. Gut haltbare Art.

Die Zucht dieser Art ist in Deutschland bisher nicht geglückt. Die Hauptursache liegt darin, daß noch nie Männchen importiert wurden. Es wäre schön, wenn das bald geschehen könnte. Wer also Urlaub in Nigeria macht, sollte sich unbedingt nach solchen Tieren umsehen.

Die Gattung *Hysterocrates* bildet eine Gruppe sehr wehrhafter Arten. Bei Belästigung richten sich die Tiere steil auf,

Abbildung 111. Hysterocrates hercules.

spreizen die Chelizeren und erzeugen recht laute Stridulationsgeräusche. Gleichzeitig schlagen sie die Vorderbeine auf den Boden. Mein einziges Weibchen spaltete einmal einen ihr entgegengehaltenen Bleistift der Länge nach auf! Man sollte sich dieser Art mit dem nötigen Respekt nähern.

Scodra griseipes POCOCK, 1897
Kein deutscher Name

Verbreitung: Elfenbeinküste
Maximale Größe: 5 cm
Beschreibung: Typisch für die Gattung *Scodra* sind die sehr langgestreckten Vorderbeine mit den großen Scopula an Tarsus und Metatarsus. Seitlich sind die einzelnen Segmente der Beine mit sehr langen Haaren ausgestattet, besonders an Tibia und Metatarsus. Sie geben den Tieren ein »pelziges« Aussehen. Grundfarbe von *Scodra griseipes* ist Beige bis Braun. Die Extremitäten tragen auf braunem Grund eine Reihe von schwarzen Flecken, die besonders gut auf Tarsus und Metatarsus zu erkennen sind.

Sehr aggressive und schnelle Art. Beim Umgang mit diesen Tieren muß man vorsichtig sein. *Scodra griseipes* läuft plötzlich los und beißt ohne Vorwarnung zu!
Haltung: Die Art *S. griseipes* bewohnt Büsche und Sträucher in ca. 80 cm Höhe über dem Erdboden. Dort spinnt sie große, weit ausladende Gespinste. Das Terrarium sollte, will man die gesamte Aktivität der Tie-

Abbildung 112. Scodra griseipes.

re beobachten, relativ groß sein. Maße von etwa 30 × 30 × 40 cm sind empfehlenswert.

Temperaturen tagsüber 22–29 °C, nachts um 22 °C. Luftfeuchtigkeit etwa 60–70 %. Behälterwände innen mit Rinde bekleben, einige Kletteräste anbieten!
Empfehlung: *Scodra griseipes* wird man nur in Ausnahmefällen erhalten. Die Zucht ist in der Bundesrepublik aufgrund fehlender Partner (Männchen) bisher noch nicht gelungen. Gut haltbare Art für erfahrene Spinnenpfleger.

Abbildung 113. Chilobrachys nitelinus.

Asiatische Arten

Chilobrachys nitelinus KARSCH, 1891
Ceylon-Zwergvogelspinne

Verbreitung: Sri Lanka, u. a. Knuckles
Maximale Größe: 2 cm
Beschreibung: Sehr klein bleibende Art der
Unterfamilie Selenocosmieae. Langgestreckter Carapax, ein auch in gesättigtem
Zustand recht langgestrecktes Abdomen
mit relativ langen Spinnwarzen. Lange,
schlanke Beine. Grundfarbe Hellbraun, Femur schwarz (frisch gehäutete Tiere) bis
braun.
Haltung: Da *C. nitelinus* lange waagerech-
te Röhren in senkrechte Hänge baut, ist die
Haltung im Terrarium in der Regel kaum
naturgemäß möglich. *Chilobrachys nitelinus* ist aber anpassungsfähig. Für die Unterbringung eignen sich schon kleine
Kunststoffdosen von 15 × 15 cm Grund-
fläche. *Chilobrachys nitelinus* spinnt darin
ein verzwicktes Gangsystem.

In ihrer Heimat bewohnt diese Art die-
selben Biotope wie die abgebildeten Falltürspinnen. Leider kommt *Ch. nitelinus*
nicht wie die Falltürspinnen kolonienwei-
se, sondern immer nur einzeln vor. Auch
ich fand in Sri-Lanka nur ein einziges Exemplar (Februar 1988).

Für den Liebhaber-Arachnologen ist
diese Art eine interessante Abwechslung
neben den normalerweise großen anderen
Vogelspinnen.

Lampropelma violaceopedes ABRAHAM,
1924
Blaue Vogelspinne

Verbreitung: Burma, Singapur
Maximale Größe: 5 cm
Beschreibung: Kleine bis mittelgroße asiati-
sche Art aus der Unterfamilie Ornithoctoniae. Carapax grau, langgestreckt, sehr
kleine schmale Thoraxgrube. Abdomen
grau, mit schwarzer Mittellinie und undeutlich dunklen Querbinden. Gesamte
Spinne nur sehr kurz behaart, schlank gebaut. Äußerst schnelle, sehr aggressive, ty-

Abbildung 114. Lampropelma violaceopedes.

pisch röhrenbewohnende Spinne. Beine und Taster mit Ausnahme der Tarsen leuchtendblau mit metallischem Schimmer. Sehr bissig.

Haltung: Diese zwar sehr schöne Art ist für den Anfänger nicht zu empfehlen. In einem normalen Terrarium kann man sie nicht auf die Dauer pflegen. Es empfiehlt sich eine Haltung in geräumigen runden Gefäßen (zum Beispiel Fünf-Liter-Einmachgläser), die zu zwei Drittel mit einem Torf-Sand-Gemisch gefüllt sind. Die Tiere bauen sich tiefe Erdlöcher, aus denen sie manchmal wochenlang nicht hervorkommen. Eine Gesundheitskontrolle läßt sich dann nur schwer durchführen. Temperatur um 23 °C. Der Boden sollte leicht feucht und nicht naß sein. Trinkgefäß am Eingangsloch der Wohnröhre aufstellen! Trotz anfangs guter Nahrungsaufnahme sterben immer wieder einige Exemplare. Vielleicht ist aber auch eine natürliche Lebenserwartung von nur rund fünf Jahren der Grund dafür.

Leider ist die Systematik der asiatischen Vogelspinnen aufgrund der ungeheuren Artenvielfalt und dem bislang fehlenden Interesse noch völlig ungeordnet. Viele Arten sehen sich erstaunlich ähnlich. Auf diesem Gebiet der Arachnologie gibt es noch viel zu tun.

Man darf also nicht erstaunt sein, wenn man in der vorhandenen Literatur völlig unterschiedliche Benennungen für eine einzige Art findet. Es wäre schön, wenn sich diese Mißstände zukünftig durch eine gründliche Neuerfassung der asiatischen Vogelspinnenfauna zum Besseren wenden.

Melopoeus albostriatus SIMON, 1886
Weißstreifen-Vogelspinne

Verbreitung: Ostasien
Maximale Größe: 6 cm
Beschreibung: Schlank gebaute, röhrenbewohnende Vogelspinne der Unterfamilie Ornithoctoniae. Sehr häufig importiert. Grundfarbe Beige bis Braun. Patella, Tibia und Metatarsus mit je zwei parallelen weißen oder cremefarbenen Streifen. Abdomen graubraun mit schwarzen Mittelstreifen und Querbändern. Recht aggressiv.

Haltung: Obwohl *M. albostriatus* eine unterirdisch lebende Vogelspinne ist, paßt sie sich doch im Terrarium etwas besser an als andere Arten der Unterfamilien Selenocosmiiae und Ornithoctoninae.

In einem 20 × 30 × 20 cm großen Terrarium wird eine Schicht Torf etwa 7–10 cm hoch eingefüllt. Der Bodengrund sollte leicht feucht sein. Temperaturen nicht über 25 °C. Die Wurzeln von eingesetzten Pflanzen werden durch die rege Grabtätigkeit der Spinne beschädigt. Luftfeuchtigkeit etwa 70 %. Unterschlupfmöglichkeit durch einige eingelegte Rindenstücke!

Unter den thailändischen Vogelspinnen ist *M. albostriatus* eine einigermaßen »sichere« Art, weil sie unverwechselbar gezeichnet ist.

Abbildung 115. Melopoeus albostriatus.

Melopoeus albostriatus ist etwas phlegmatisch, sie gleicht diesen Nachteil aber durch ihr interessantes Aussehen aus. Dem etwas erfahrenen Anfänger ist die Art durchaus zu empfehlen. Eine Nachzucht gelingt zuweilen, doch scheitert die systematische Zucht daran, daß Männchen in der Regel fehlen. Frisch importierte Weibchen legen zuweilen schon nach kurzer Gefangenschaft ihre Eier ab. Die Eizahlen eines Kokons sind mit etwa 100 für Vogelspinnenverhältnisse eher gering.

Abbildung 116. Melopoeus minax, Männchen.

Melopoeus minax THORELL, 1897
Schwarze Thailand-Vogelspinne

Verbreitung: Sri Lanka, Borneo, Nias
Maximale Größe: 7 cm, meist kleiner
Beschreibung: Häufigste importierte Vogelspinne aus Asien. Imposantes Erscheinungsbild: dicke, kompakte Beine, an Metatarsus und Tarsus große Haftpolster mit stark metallischem Farbspiel. Langgestreckter Carapax. Weibchen tiefschwarz, an den ersten beiden Beinpaaren braun gerandete Patellen und Tibien. Abdomen dunkelgrau mit schwarzer Mittellinie und schwarzen Querlinien.

Auffälliger Geschlechtsdimorphismus: Nicht erwachsene Männchen sehen wie Weibchen aus. Nach der Imaginalhäutung der Männchen sind die Extremitäten von Patella bis Metatarsus hellbraun, Tarsus schwarz, Femur schwarz mit violettem Schimmer, Taster schwarz. Carapax, Abdomen hellbraun, mit der oben genannten schwarzen Streifenzeichnung. Sehr kurze, dicke Tibiaapophysen, die bei der Paarung die Chelizeren des Weibchens außen umgreifen. Männchen sehr schlank und langgliedrig.

Beide Geschlechter sehr aggressiv; bei der geringsten Belästigung schlagen sie erst drei- bis viermal mit den Vorderbeinen nach dem Angreifer, bevor sie zubeißen. Dabei besteht für die Tiere Verletzungsgefahr durch das Aufplatzen der Gelenkhäute. Die Chelizerenklauen erwachsener Weibchen werden bis 13 mm lang.

Haltung: *Melopoeus*-Arten sind dem Anfänger nicht zu empfehlen. Um sie auf die Dauer halten zu können, muß man ihnen unbedingt einen tiefen Bodengrund anbieten, in dem sie ihre Wohnröhre bauen können. Regelmäßige Kontrollen und eine gute Hygiene sind für eine erfolgreiche Pflege notwendig. Die versteckte Lebensweise der Tiere erschwert das Beobachten und führt oft zu ihrer Vernachlässigung. Die Tiere trinken sehr oft.

Wie *Lampropelma violaceopedes* pflegt man auch *Selenocosmia*-Arten am besten in hohen, mit Erde gefüllten Gefäßen. Die Erde darf nicht austrocknen. Gleichmäßige Temperaturen um 25 °C reichen völlig aus. Die abgebildete Art nimmt sehr viel Nahrung zu sich. Bevorstehende Häutungen lassen sich nur schwer voraussagen. Daher keine Futtertiere im Behälter übriglassen!
Zucht: Von sachkundigen Pflegern ist die Art schon oft nachgezogen worden. Die Paarung glückt aber nur mit Weibchen, die sich schon mehrere Tage zuvor mit dem Männchen verständigt haben. Deutlich hörbare Trommelzeichen machen das auch dem Spinnenpfleger klar. Die Eizahlen sind erstaunlich gering: Meine Tiere legten immer nur zwischen 37 und 70, allerdings 5 mm große Eier. Die Jungtiere schlüpften nach sechs bis acht Wochen bei 25 °C.

Abbildung 117. Melopoeus minax, Weibchen.

Poecilotheria fasciata LATREILLE, 1804
Kein deutscher Name

Verbreitung: Sri Lanka
Maximale Größe: 7 cm
Beschreibung: Unverwechselbare, aber leider äußerst selten zu erhaltende Art der Unterfamilie Selenocosmiinae, Gruppe Poecilotherieae. Große, baumbewohnende Kletterspinne.
Sehr große Haftpolster an Metatarsus und Tarsus. Femur, Patella, Tibia und Metatarsus oberseits mit gelben Ringen. Die Gliedmaßen besitzen auf ihrer Unterseite leuchtend zitronengelbe Abschnitte, die dem Tier ein faszinierendes Aussehen geben. Sehr geschickte und schnelle, leider etwas aggressive Art.
Haltung: Terrarium von 40 × 30 × 50 cm mit reichlich Klettermöglichkeiten. Genau wie *P. cambridgei* baut diese Art geräumige Wohngespinste in ihrem Behälter. War-

Abbildung 118. Poecilotheria fasciata.

Abbildung 119. Poecilotheria fasciata.

Abbildung 120. Poecilotheria subfusca.

me und sehr helle Stellen werden bevorzugt aufgesucht. Temperaturen zwischen 25 und 27 °C. Nachts nur geringe Abkühlung. Luftfeuchtigkeit etwa 75 %.

Empfehlung: Wer *Poecelithera* aus einem Indien- oder Sri Lanka-Urlaub mitbringen kann, sollte sich unbedingt mit anderen Vogelspinnenzüchtern in Verbindung setzen.

Hauptaufgabe der Haltung dieser Arten muß ausschließlich die Zucht der Spinne sein, damit diese wunderbare Art einem größeren Kreis von Spinnenliebhabern zugänglich gemacht werden kann.

Poecilotheria subfusca POCOCK, 1895
Kein deutscher Name

Verbreitung: Sri Lanka
Maximale Größe: 7–8 cm
Beschreibung: Diese etwas größere Art als *P. fasciata* besitzt auf der Oberseite annähernd dieselbe Zeichnung. Femur der beiden hinteren Beine im Gegensatz zu *P. fasciata* durchgehend schwarz, mit einem weißen Ring als Endstück. Dieser weiße Ring geht auf die Patellen über. Das Tier erscheint dunkler. Unterseite des Femurs im Gegensatz zu *P. fasciata* tiefschwarz.

Abbildung 122 (oben rechts). Unterseite von
P. subfusca.
Abbildung 123 (unten). Schlüpfendes Jungtier
von P. subfusca (nach dem zweiten Larvenstadium).

Abbildung 121 (oben links). Unterseite von
P. fasciata.

Haltung: Wie *P. fasciata*. Beide Arten bevorzugen dunkle Verstecke, wie Astlöcher. Als Ersatz können Vogelnistkästen angeboten werden. Dies entspricht auch dem Vorkommen der Arten in Astlöchern im tropischen Regenwald.

Empfehlung: Besonders auf parasitierende Milben achten! Sie sitzen mit Vorliebe an unzugänglichen Stellen und sollten unbedingt von dem Tier abgesammelt werden (Pinsel). Bewährt hat es sich, die Spinnen dazu in einem mit Ätherdampf gefüllten Einmachglas (feuergefährlich!) zu betäuben. Ein Großteil der Milben fällt dann von der Spinne ab.

Zucht: Die regelmäßige Zucht ist bisher nicht gelungen. Ein Wildfangweibchen baute am 13. 8. 1988 einen Kokon. Der Inhalt des Geleges wurde am 28. 8. in kleine Petrischalen überführt und bei 25 °C und 100% Luftfeuchte in einem Brutkasten gezeitigt. Die Nymphen schlüpften am 29. 8. und 31. 8.

Zur schnelleren Entwicklung der Jungen erhöhte ich die Zeitigungstemperatur auf 26 °C. Am 14. 9. färbten sich die Beine schwarz. Drei Tage später häuteten sich die Tiere. Rund 70 Tiere wurden selbständig und werden hoffentlich den Bestand in der BRD sicherstellen.

Literatur

Bellmann, Heiko (1984): Spinnen beobachten – bestimmen. Neumann – Neudamm, Melsungen.

Bristowe, W. S. (1971): The World of Spiders. Collins New Naturalist, London.

Bücher, W. (1952): Instintos maternais nas aranhas brasileiras. Dusenia II (6): 57.

– (1956): Südamerikanische Spinnen und ihre Gifte. Arzneimittel-Forschung (6): 293.

– (1971): Spiders. In: Venemous animals and their venoms. Academie Press, New York / London.

– Das Haus der Gifte.

Comstock, J. (1940): The Spider Book. Comstock Press, Ithaka.

Cooke, J. et al. (1972): The urticating hairs of Theraphosid Spiders. Am. Mus. Nov. 2498: 1.

Foelix, R. F.: Biologie der Spinnen. Georg Thieme Verlag, Stuttgart.

Friederich, U. und Volland, W. (1981): Futtertierzucht. Eugen Ulmer Verlag, Stuttgart.

Gertsch, W. (1949): American Spiders. Van Nostrand & Co., New York.

Harms, K. H.: Rote Liste der Spinnen (Araneae). In BLAB, J., et al. (Hrsg.): Rote Liste der gefährdeten Tiere und Pflanzen in der BRD. Kilda-Verlag, Greven.

Hubert, M. (1979): Les Araignees, Boubeé, Paris.

Jones, Dick (1983): The Country Life Guide to Spiders of Britain and Northern Europe. Hamlyn Publishing Group, Feltham.

Kaston, B. (1978): How to know the Spiders. W. C. Brown Co. Dubuque, Iowa.

Klaas, P. (1988): Haarige Gesellen. Aquarien und Terrarien-Magazin 2.

Kullmann, E., & Stern, Horst (1975): Leben am seidenen Faden. Bertelsmann Verlag, München.

Levi, H., & L. (1968): A Guide to Spiders and their Kin. Golden Press, New York.

Mc Cook, H. (1869, 1890 & 1893): American Spiders and their Spinning work. I–III., Philadelphia.

Mc Crone, J., & Levi, H. (1964): North American Widow Spiders. Psyche 71, 1: 12.

Melchers, M. (1964): Zur Biologie der Vogelspinnen. Z. Morph. Ökol. Tiere 53: 517.

Schmidt, G. (1986): Spinnen. Lehrmeister-Bücherei. A.-Philler-Verlag, Minden.

Schmidt, G. (1952): Spinnenpflege in Terrarien. DATZ 12: 89.

– (1958): Vogelspinnen und ihre Gifte. Orion 13: 545.

– (1959): Vogelspinnen im Terrarium. DATZ 12: 89.

– (1986): Vogelspinnen. Lebensweise. Bestimmungsschlüssel. Haltung. Zucht. A. Philler-Verlag, Minden.

Weygoldt, P. (1966): Moos- und Bücherskorpione.   Neue   Brehm-Bücherei.
Ziemsen-Verlag, W. Henberg.

Wiehle, H. (1954): Aus den Spinnenleben
wärmerer Länder. A. Ziemsen Verlag,
Wittenberg Lutherstadt.

Bildquellen

Zeichnungen von Klaus Richter, Düsseldorf

Bild-Nr.:

11, 15, 16, 67, 69, 74, 75	Mathias Forst, Köln
1	Klaus Waßmann, Münster
2	Kurt Nicholaisen, Dänemark
3, 3a	Rainer Stawikowski, Essen
45	Holger Ehmke, Kiel

alle übrigen Fotos vom Autor

Register